LOCH · SOMMER

Das Bündnis

Chancen für den Frieden

Walter Loch · Dirk Sommer

DAS BÜNDNIS CHANCEN FÜR DEN FRIEDEN

SEIT 1789

Verlag E. S. Mittler & Sohn
Herford · Bonn

Abbildungsnachweis

Ortwin Buchbender/Hartmut Bühl/Heinrich Quaden (BBQ) Wörterbuch zur Sicherheitspolitik, Herford 1985: Seiten 66, 78 (1), 80, 84/85
Bundesbildstelle, Bonn: Seiten 16, 20, 33, 34, 59, 74, 75, 113, 118, 122
dpa – Deutsche Presseagentur, Frankfurt: Seiten 12, 14, 23, 40, 62, 63, 78, 81, 94, 99, 108
dpa, Archiv Düsseldorf: Seite 41
Verlag E. S. Mittler & Sohn, Herford und Bonn: Seite 112
NATO-Handbuch, Brüssel 1982: Seiten 52, 58
Günther Oed, Alfter-Gielsdorf: Seite 28
TRUPPENPRAXIS – Die Zeitschrift für den Offizier: Seiten 67, 106
U.S. Informations Service DES/Photos
Embassy of the United States of America, Bonn: Seiten 10, 94 (1)

CIP-Titelaufnahme der Deutschen Bibliothek

Loch, Walter:
Das Bündnis: Chancen für den Frieden / Walter Loch; Dirk Sommer. – Herford; Bonn: Mittler, 1989
ISBN 3-8132-0312-3
NE: Sommer, Dirk:

ISBN 3 8132 0312 3; Warengruppe Nr. 16

Umschlaggestaltung, Layout und Vignetten:
Albert Münch, WA-Visomedia, Bonn
Produktion: Heinz Kameier
Gesamtherstellung: Clausen & Bosse, Leck
Printed in Germany

Inhalt

Auf der Waage

»Neue Wege« und »alte Fragen«

Hoffnung
Offene Fragen

Die Grundfrage ist, was die NATO für den Frieden in Europa und in der Welt heute bedeutet und morgen bedeuten kann.

Hoffnung

Es hat in diesem Jahrzehnt manchen Schritt gegeben, der den Frieden stabiler machte. In der Reihe der guten Jahre hat 1988 einen besonderen Rang.
Die Sowjetunion begann, ihre Streitkräfte aus Afghanistan zurückzuziehen. Im Golfkrieg kam es zu einem Waffenstillstand. Damit wurde eine wichtige Vorstufe zum Frieden erreicht. Südafrika hat seine Truppe aus Angola zurückgezogen. Kuba folgt. Friedensaussichten also auch im Südwesten Afrikas?
Vieles blieb noch im Fluß. Kein Zweifel aber: Der Frieden hat auf der Waage der Weltpolitik an Gewicht gewonnen.
Ein für die Welt, Europa und die Bundesrepublik wichtiges Ereignis war der Moskauer Gipfel, auf dem Ronald Reagan und Michail Gorbatschow die Ratifikationsurkunden zum amerikanisch-sowjetischen Vertrag über den Abbau und die Vernichtung der Mittelstreckenflugkörper größerer und kürzerer Reichweite austauschten und ihn damit in Kraft setzten. Ihre Verschrottung begann unter den Augen der jeweils anderen Macht. Prüfen zu können, ob Vereinbartes eingehalten wird, ist eine alte Forderung des Westens. Früher scheiterte sie regelmäßig an der sowjetischen Auffassung, dies sei eine »Einmischung in innere Angelegenheiten« oder sogar »Spionage«. Das ist anders geworden. Eine bisher verriegelte Tür ist offen. Ein guter Ansatz auch für andere Verhandlungen.
Die Verschrottung der Mittelstreckenwaffen ist der erste Schritt, der über Rüstungskontrolle und Rüstungsbegrenzung hinausgeht. Sie ist ein Schritt zu echter Abrüstung. Das Mittelstreckenwaffen-Abkommen hat eine andere Qualität als vorausgegangene Vereinbarungen. Obwohl nur ein kleiner Teil der nuklearen Waffen erfaßt ist, ist dieser Vertrag dennoch ein bedeutsames Signal.
»Am Dreifaltigkeitssonntag« – an diesem Tag, dem Sonntag nach Pfingsten, war der amerikanische Präsident in der sowjetischen Hauptstadt – »beginnen die Bäume zu blühen«. Reagan hat vor seinem Abflug aus Moskau an dieses alte russische Sprichwort erinnert. Und Gorbatschow sprach bei der gleichen Gelegenheit von einem »Weg der sowjetisch-amerikanischen

Der amerikanische Präsident Ronald Reagan sprach auf dem »Moskauer Gipfel« im Juni 1988 zu Studenten der Moskauer Universität.

Beziehungen«, der »von einem gefährlichen Kurs auf einen sicheren« umgeleitet worden sei. Auch wenn man berücksichtigt, daß zum Abschluß erfolgreicher Verhandlungen Freundlichkeiten den Ton bestimmen und Probleme überdecken, so ist doch klar, daß die politischen Bemühungen beider Seiten ein höheres Maß an Deckungsgleichheit gewonnen haben. Die Menschen hüben und drüben dürfen aufatmen.

Gleichfalls sehr bedeutsam war die Rede Gorbatschows, der inzwischen auch sowjetischer Staatschef geworden war, im Dezember 1988 vor der Vollversammlung der Vereinten Nationen. Er kündigte an, die Streitkräfte der Sowjetunion in den nächsten zwei Jahren um insgesamt 500000 Soldaten, 10000 Panzer, 8500 Artilleriegeschütze und 800 Kampfflugzeuge einseitig zu verringern. Dabei sollen bis 1991 sechs Panzerdivisionen aus der DDR, der Tschechoslowakei und Ungarn abgezogen und aufgelöst, die verbleibenden Verbände umstruktuiert werden.

Damit werden zwar die Ungleichgewichte in der konventionellen Rüstung in Europa nicht vollends beseitigt, aber es ist ein bedeutsamer Schritt getan in Richtung auf Gleichgewicht und Stabilität in Europa.

Das Jahr 1988 hatte einen weiteren denkwürdigen Tag, den 10. November. Mit diesem Datum begann die längste Friedensperiode in der jüngeren deutschen Geschichte. 43 Jahre und 183 Tage hatten nach dem deutsch-französischen Krieg 1870/71 die Waffen in Mitteleuropa geschwiegen. Diese bis dahin längste Friedenszeit ist seit dem 10. November 1988 übertroffen. Seit der Kapitulation der deutschen Wehrmacht am 9. Mai 1945 hat es in Mitteleuropa – darauf wies der Bundesminister der Verteidigung, Professor Dr. Scholz, hin – Kriege im Sinne eines bewaffneten Konflikts zwischen Staaten oder Staatengemeinschaften nicht mehr gegeben, auch wenn Deutschland in der Zeit des sogenannten »Kalten Krieges« noch ein gefährliches Konfliktzentrum geblieben sei und bis heute noch ein formeller Friedensvertrag ausstehe.

Der Verteidigungsminister hat ferner darauf hingewiesen, daß die »Abwesenheit von Krieg« nicht bedeute, daß unrechtmäßige Gewalt nicht angewandt worden sei. Er hat die »längste

Der sowjetische Partei- und Staatschef Michail Gorbatschow kündigt im Dezember 1988 vor der Vollversammlung der Vereinten Nationen einseitige Abrüstungsschritte an.

Friedensperiode« einen Erfolg deutscher und alliierter Sicherheitspolitik genannt, die den Frieden nicht nur militärisch sichern, sondern auch politisch fördern wolle. Militärische Sicherheit und die Politik des Dialogs und der Entspannung zur Lösung der grundlegenden politischen Fragen in Europa stehen nicht im Widerspruch, sondern in unauflösbarer gegenseitiger Ergänzung. Streitkräfte und glaubwürdige Verteidigung sind die Voraussetzung für die erfolgreiche Weiterführung des Friedensprozesses; anderenfalls würde aufs Spiel gesetzt, was erreicht worden ist und in der Zukunft gesichert werden soll.

Offene Fragen

Wenn in der Bundesrepublik Deutschland vom Bündnis die Rede ist, ist die NATO gemeint. Das ist ein Zeichen, daß der Nordatlantikpakt in der Bundesrepublik Deutschland eine Selbstverständlichkeit ist. Gleichwohl werden Fragen gestellt: die alten Fragen nach dem Sinn und der Notwendigkeit militärischer Stärke, insbesondere der nuklearen Rüstung. Sie verdichteten sich nach dem Abschluß des Vertrages über den Abbau und die Vernichtung atomarer Mittelstreckenflugkörper und der von Gorbatschow angekündigten Reduzierung konventioneller Streitkräfte zu der Frage, ob weitere Schritte zum Frieden sich nicht gewissermaßen von selbst ergäben, ob wir noch Rüstung im bisherigen Maße brauchten, ob die NATO beispielsweise noch eine Aufgabe habe. Können nicht, so hieß es weiter, endlich andere dringende Aufgaben der Zeit – zum Beispiel in der Entwicklungspolitik und im Umweltschutz – mit besserer materieller Ausstattung zum Zuge kommen?
Warum aber ist im Westen immer noch von einer Modernisierung der Waffen die Rede? Warum gibt es noch die NATO? Hat sie noch eine Zukunft?
Andere Fragen erfordern jedoch in gleicher Weise eine ernsthafte Prüfung, zum Beispiel diese: Waren es nicht gerade die Atomwaffen, die mit ihrer gewaltigen Zerstörungskraft den Frieden gesichert haben? Und: Was bedeutet die Demokratisierung, von der in der Sowjetunion die Rede ist? Bleibt nicht

die Partei allmächtig? Bringt die »Umgestaltung« ein höheres Maß von politischer Transparenz? Schützt sie erkennbar vor Kurswechseln?
Antworten auf die Fragen zu finden, die mit Abrüstung und dem Frieden, mit der Politik des Dialogs und mit der behaupteten Notwendigkeit von Streitkräften verbunden sind, ist eine politische Aufgabe. Da Politik in demokratischen Gemeinwesen alle angeht, sollten sich die Bürger den Problemen stellen.
»Warum« ist ein für eine freie Gesellschaft charakteristisches Fragewort. Wer »warum« sagt, ist bereit, seinen Kopf anzustrengen. Er läßt sich nicht nur von Stimmungen und Gefühlen leiten. Er fragt nach den Beweg- und Hintergründen. Das Antworten fällt nicht leicht. Information ist das Mittel, das – auch politisch – »in Form« bringt.
Es ist keineswegs müßig, sich die Anfänge des Bündnisses in Erinnerung zu rufen und sich die Ziele zu vergegenwärtigen. Es macht auch Sinn, die Organisation des Atlantikpakts zu kennen, weil Organisation die Verfassung widerspiegelt, die sich eine Gemeinschaft gibt. Es gibt Mißverständnisse hinsichtlich der Strategie, die nur auszuräumen sind, wenn hinreichende Information Grundlage des Urteils wird.
Für manchen verbindet sich die NATO allzu leicht und allzu ausschließlich mit der militärischen Organisation. Also ist es gut, das Verhältnis von Politik und Streitkräften ins Auge zu fassen, die politischen Friedensschritte zu kennen, vor allem in den West-Ost-Beziehungen. Es ist ferner angebracht, das Verhältnis der amerikanischen und europäischen Partner, die Notwendigkeit der Verklammerung über den Atlantik hinweg ebenso zu bedenken wie eine gerechte Teilung der Lasten.
Aus alledem ergibt sich die Grundfrage, was die NATO für den Frieden in Europa und in der Welt heute bedeutet und morgen bedeuten kann.

◂ Eine amerikanische Interkontinentalrakete vom Typ »Minuteman« kurz nach dem Start.

Das NATO-Emblem ist eine Windrose. Unser Bild zeigt es mit Fahnen von Mitgliedstaaten des Bündnisses.

Der Frieden

Von seinen Eigenschaften und Gefährdungen

Nur ein Traum?
Krieg
Eine Lehre
Ein neuer Soldat

In der Präambel des Grundgesetzes heißt es, daß das deutsche Volk von dem Willen beseelt ist, dem Frieden der Welt zu dienen.

Nur ein Traum?

Es geht um den ältesten, wenngleich oft genug vergeblich geträumten Traum der Menschheit, es geht um den Frieden. Es geht um unsere Demokratie, um ein Leben ohne Angst und Unterdrückung, ohne Not und Einschüchterung. Es geht um Menschenwürde und Menschenrechte, um individuelle Selbstbestimmung und staatliche Selbstbehauptung, um soziale Gerechtigkeit und Wohlstand, kurz, es geht um unser Glück.
Im sicherheitspolitischen Weißbuch 1983 der Bundesregierung heißt es: »Die Bundesrepublik Deutschland garantiert ihren Bürgern ein in der deutschen Geschichte einmaliges Maß an Freiheit, Sicherheit und sozialer Gerechtigkeit... Diese freiheitlich-rechtsstaatliche Demokratie dürfen wir nicht aufs Spiel setzen... Die Sicherheitspolitik der Bundesregierung ist auf die Erhaltung des Friedens in Freiheit und Unabhängigkeit gerichtet. Sie ist Friedenspolitik.«
Gewiß ist es ein Zufall, daß im Jahr 1989 die NATO und unser Grundgesetz 40 Jahre alt werden. Doch stehen beide in enger Beziehung zueinander. Unsere Verfassung garantiert Frieden und Freiheit nach innen, die NATO schützt ihren Mitgliedern den Frieden in Freiheit nach außen. Mit der Verabschiedung unserer Verfassung begann die längste demokratische Epoche in der deutschen Geschichte, die westliche Allianz hat uns eine der längsten Zeiten des Friedens beschert.
Grundgesetz und Nordatlantikpakt sind die Grundlagen unserer Mitgliedschaft im westlichen Bündnis. Die NATO ist ein Bündnis souveräner Staaten. Die Unterzeichnerstaaten drükken im Vertrag ihren Wunsch aus, mit allen Völkern und allen Regierungen in FRIEDEN zu leben und alles zu unternehmen, was internationale Stabilität fördert und dem FRIEDEN in der Welt nützt. Der Nordatlantikpakt übernimmt die in der Charta der Vereinten Nationen festgelegte Verpflichtung, auf Gewaltanwendung zu verzichten, es sei denn, das in Artikel 51 der UNO-Charta verbriefte Recht auf individuelle und kollektive Selbstverteidigung müßte wahrgenommen werden.
Mit der Verkündung des Grundgesetzes am 23. Mai 1949 haben sich die Bürger der drei ehemaligen westlichen Besatzungs-

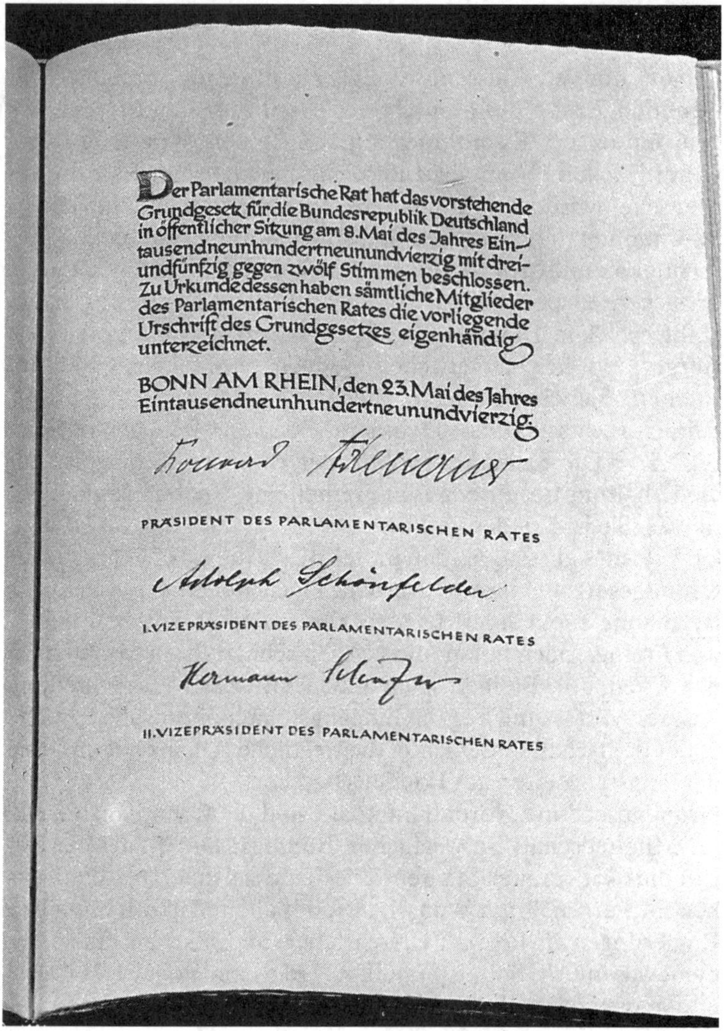

Das Grundgesetz – unser Bild zeigt die erste Seite der Urschrift – verpflichtet die Bundesrepublik Deutschland zur Friedenspolitik.

zonen in besonderer Weise dem Frieden verpflichtet. Nationalsozialistische Barbarei und ein mutwillig vom Zaun gebrochener Krieg, der die Welt mit Tod und Elend überzog, der den Deutschen selbst den Zusammenbruch ihres Staates, Chaos und Zerstörung, die Auflösung aller überkommenen Ordnung brachte, so etwas sollte sich niemals mehr wiederholen. Und so stehen denn die Grundrechte an der Spitze unserer Verfassung, deren erstes gleich zu Beginn die ethische Grundlage dieses Gemeinwesens definiert: *»Die Würde des Menschen ist unantastbar.«*

Bereits in der Präambel des Grundgesetzes heißt es, daß das deutsche Volk »von dem Willen beseelt«, sei, »dem FRIEDEN der Welt zu dienen«, und in Artikel 1 wird das Bekenntnis zu den »unverletzlichen und unveräußerlichen Menschenrechten als Grundlage jeder menschlichen Gemeinschaft, des FRIEDENS und der Gerechtigkeit in der Welt« abgelegt. Und, als hätten die Väter der Verfassung schon den späteren NATO-Beitritt der Bundesrepublik vorausgeahnt, haben sie in Artikel 24 die Bestimmung aufgenommen, daß »der Bund sich zur Wahrung des FRIEDENS einem System gegenseitiger kollektiver Sicherheit einordnen« kann. Noch deutlicher und unmißverständlich heißt es in Artikel 26: *»Handlungen, die geeignet sind und in der Absicht vorgenommen werden, das friedliche Zusammenleben der Völker zu stören, insbesondere die Führung eines Angriffskrieges vorzubereiten, sind verfassungswidrig. Sie sind unter Strafe zu stellen.«*

Da versteht es sich von selbst, daß der später hinzugekommene Artikel 87 a feststellt, daß der Bund Streitkräfte ausschließlich zur VERTEIDIGUNG aufstellt. Und daß dies auch eine Wehrpflichtarmee sein kann, dafür gibt der Artikel 12 a grünes Licht: *»Männer können vom vollendeten achtzehnten Lebensjahr an zum Dienst in den Streitkräften ... verpflichtet werden.«*

Nicht umsonst ist dieser Artikel 12 a mitten unter den Grundrechten plaziert. Damit soll deutlich gemacht werden, daß unsere freiheitlich-demokratische Lebensordnung des bewaffneten Schutzes bedarf, ganz im Sinne Scharnhorsts, der einmal gesagt hat, daß der »Bürger des Staates der geborene Verteidiger desselben« sei.

Doch auch dies ist Verfassungsnorm, hineingeschrieben ins Grundgesetz nach den schrecklichen Erfahrungen des Zweiten Weltkrieges: *»Niemand darf gegen sein Gewissen zum Kriegsdienst mit der Waffe gezwungen werden«* (Artikel 4).

Krieg

Über Frieden müßten wir nicht reden, gäbe es nicht den Krieg, die schlimmste Geißel der Menschheit. Der Krieg, so lehrt uns die Geschichte, war – und ist es in manchen Regionen dieser Erde immer noch – für die Menschen allgegenwärtig, im Zusammenleben der Völker die Regel. Der Frieden ist die Ausnahme. Ein kluger Mann hat herausgefunden, daß es zwischen 1496 v. Chr. und 1961 n. Chr., also innerhalb eines Zeitraums von 3457 Jahren, auf Erden 3130 Jahre Krieg und nur 227 Jahre Frieden gegeben hat. In etwa demselben Zeitraum (1500 v. Chr. bis 1800 n. Chr.) wurden über 8000 Friedensverträge geschlossen, die, wiewohl »auf Ewigkeit« angelegt, durchschnittlich nur zehn Jahre in Kraft waren.
In Europa tobten innerhalb der letzten drei Jahrhunderte 286 Kriege. Noch tief im Bewußtsein unseres Volkes verankert ist der 30jährige Krieg, der unser Land schrecklich verwüstete und etwa ein Drittel der Deutschen das Leben kostete. Im 14. und 15. Jahrhundert gar kämpften Engländer und Franzosen 100 Jahre gegeneinander. In diesem Jahrhundert erschütterten zwei Kriege die Welt, die in ihren furchtbaren Folgen alles in den Schatten stellten, was die Menschheit bis dahin erlebt hatte. Einige beklemmende Zahlen: im Ersten Weltkrieg standen sich 41 257 000 Soldaten gegenüber, von denen 5 570 000 den Tod fanden, davon allein vor Verdun innerhalb eines halben Jahres 600 000. Insgesamt verloren im Ersten Weltkrieg 8,9 Millionen Menschen ihr Leben, im Zweiten Weltkrieg 55–60 Millionen! Und auch danach ging es weiter. Nach 1945 tobten rund um den Erdball 148 Kriege. Nur in Europa schweigen seit 40 Jahren die Waffen.
Seit jeher war der Krieg der Motor der Weltgeschichte. Er schuf die Großreiche der Menschheit und damit phantastische

Der Krieg ist der große Zerstörer. Unser Bild zeigt Würzburg am Ende des Zweiten Weltkrieges.

Kulturen – und machte am Ende doch alles wieder zunichte. Der Krieg, nach Heraklit der »Vater aller Dinge«, hat großen Anteil an der Welt, so wie sie heute ist. Was beispielsweise wäre aus Europa geworden, wenn die Westgoten in der Schlacht auf den Katalaunischen Feldern nicht die Hunnen besiegt hätten (431), die Franken bei Tours und Poitiers nicht die Araber (732), Deutsche und Polen vor Wien nicht die Türken (1683), die Russen in Stalingrad nicht die Deutschen (1943)?
Krieg und Kriegsvorbereitung, Rüstung und Gegenrüstung gaben und geben starke Impulse für den technischen Fortschritt. Nach der Zähmung des Pferdes beispielsweise und der Erfindung des Speichen-Rades irgendwann um 2000 v. Chr. war die Zeit reif für den Streitwagen, der die Kriegstechnik revolutionierte und die politische Landkarte rund um den »Fruchtbaren Halbmond« veränderte. Ein anderes Beispiel aus neuerer Zeit: Die friedliche Nutzung der Kernenergie erhielt durch den Bau der Atombombe entscheidende Impulse.
Und dennoch: Stets war der Krieg der große Vernichter, stets zerstörte er das, was die Menschen sich in den wenigen Jahren des Friedens aufgebaut hatten. Im Alten Testament der Bibel lesen wir an unzähligen Stellen von Kriegen, Raubzügen, Plünderungen, Verwüstungen, Eroberungen, Beutezügen. Über Jahrtausende hinweg galt der Krieg als probates Mittel zur gewaltsamen Lösung von Konflikten, wurde er von den Menschen als unabänderliches Schicksal hingenommen – wie Seuchen, Überschwemmungen oder Erdbeben.

Eine Lehre

Ein Umdenken setzte im Ersten Weltkrieg ein, als moderne Artillerie und Maschinengewehre die bisherigen Normen der Kriegsführung außer Kraft setzten, die Schlachtfelder zu Massengräbern werden ließen. Aber erst 1945, als Hiroshima und Nagasaki im atomaren Inferno verglüht waren, setzte sich allgemein die Erkenntnis durch, daß der Krieg als *»Instrument der Politik unter Beimischung anderer Mittel«* (Clausewitz) untauglich geworden war. Seitdem ist die Verhinderung des atomaren

Holocaust zur Überlebensfrage der Menschheit geworden, ist nicht mehr der Krieg, ist vielmehr der Friede der Ernstfall.
Doch ist Frieden nicht mehr als Abwesenheit von Krieg? Herrscht in Deutschland wirklich Frieden, wenn noch immer Menschen verwehrt wird, in den anderen Teil unseres Vaterlandes auszureisen, wenn noch immer Mauer und Stacheldraht die Menschen hüben und drüben daran hindern, zueinander zu kommen? Herrscht wirklich Friede, wenn noch immer den Völkern Osteuropas das Selbstbestimmungsrecht vorenthalten wird? Oder was war das eigentlich für ein Friede, als 1938 – die Waffen schwiegen ja noch – in Deutschland die Synagogen brannten, jüdische Geschäfte geplündert und Zehntausende jüdischer Mitbürger in die Konzentrationslager verschleppt wurden? Oder was war das in den fünfziger und sechziger Jahren eigentlich für ein Friede, als sowjetische Panzer im anderen Teil Deutschlands, in Ungarn und in der Tschechoslowakei die Freiheit niederwalzten?
Natürlich ist wirklicher Frieden mehr als schweigende Waffen. Und selbstverständlich gehört zum äußeren Frieden der innere Frieden: Freiheit und Gerechtigkeit. Doch wir können die Welt nun mal nicht allein nach unseren Vorstellungen und Idealen bauen. Wo es ums Überleben der Menschheit geht, wird – und sei die Welt um uns herum noch so unvollkommen – die Abwesenheit von Krieg zum höchsten Gut.
Dies freilich enthebt uns nicht der Verpflichtung, mit allen Kräften nach einer internationalen Rechtsordnung zu streben, die überall und gleichmäßig wirkt. Zugleich wird damit auch der Kernauftrag des Soldaten von heute deutlich: Bis zu einem solchen Zustand gilt es, militärischer Erpressung mit sachgerechten Mitteln zu widerstehen, Kriegsverhütung zu betreiben und die Wege zu einem dauerhaften Frieden zu sichern und zu erhalten. Hier wird darüber hinaus der Wandel des Soldatenberufs sichtbar: *»Gefragt, gewollt und notwendig ist der Soldat für den Frieden«* (Hans Koschnick).
40 Jahre NATO – 40 Jahre Frieden in Europa. Und dies in einer Zeit, in der es nach früheren Maßstäben wahrhaftig genug Anlässe gegeben hat, zu den Waffen zu greifen. Erinnert sei nur an die Berlin-Krisen, an die Unterwerfung und

Unterdrückung der Völker Ost- und Mitteleuropas durch die Sowjetunion. Warum bei alledem der Kalte Krieg nicht zu einem heißen geworden ist, läßt sich mit letzter Gewißheit natürlich nicht sagen. Aber sicher ist, daß die Völker Europas die nun schon 40 Jahre währende Friedensperiode nicht zuletzt der Existenz der Atomwaffen zu verdanken haben. Es ist das atomare Patt, die *»gegenseitig gesicherte Zerstörungsfähigkeit«*, die einen Krieg für jeden Angreifer zu einem unkalkulierbaren Risiko macht. Und hier zeigt sich die Janusköpfigkeit der Atomwaffen: Einerseits verbreiten sie Angst und Schrecken, erscheinen vielen Menschen als »Teufelszeug«, andererseits aber bedeuten sie für die Ost-Westbeziehungen ein ungemein stabilisierendes Element. Solange es sie gibt, solange ihr Einsatz als Vergeltung für einen Angriff auf unser Territorium glaubwürdig angedroht wird, ist – in Europa jedenfalls – auch der konventionelle Krieg weder denk- noch führbar.

Grundlegendes Ziel der Abschreckung ist nicht der Einsatz atomarer Waffen, sondern deren Nichteinsatz. Und genau darin offenbart sich die Paradoxie heutiger Sicherheitspolitik und soldatischer Existenz: die Drohung mit dem, was niemals getan werden, der Besitz dessen, wovon niemals Gebrauch gemacht werden darf. Der Ernstfall ist der Frieden. Doch den Frieden zu bewahren, gelingt weder durch Wehrlosigkeit noch – auf Dauer – durch militärische Sicherheit allein. Das friedliche Zusammenleben der Völker zu gestalten, ist vor allem eine Sache der Politiker – in Ost und West. Die NATO hat sich diesen Grundsatz längst zu eigen gemacht: Verteidigung durch hinreichende und einsatzbereite Streitkräfte auf der einen und Dialog und Zusammenarbeit auf der anderen Seite. Die Staats- und Regierungschefs der NATO haben auf ihrer Gipfelkonferenz im März 1988 in Brüssel erklärt: *»Unser Konzept für eine ausgewogene Sicherheitspolitik hat sich bewährt. Sie bleibt in ihren beiden ergänzenden und sich wechselseitig verstärkenden Ansätzen nach wie vor gültig: politische Solidarität und ausreichende militärische Stärke und, auf dieser Grundlage, die Suche nach konstruktivem Dialog und Zusammenarbeit einschließlich der Rüstungskontrolle. Das höchste* *politische Ziel unseres Bündnisses ist es, eine gerechte und dauerhafte Friedensordnung in Europa zu schaffen.«*

Die Bundeswehr ist die jüngste Armee der westlichen Allianz. Ja, ob es ohne unsere Mitgliedschaft in der NATO überhaupt deutsche Streitkräfte gegeben hätte, erscheint zweifelhaft. Schließlich wurde erst mit unserem Beitritt zum Bündnis das Besatzungsstatut aufgehoben, das eine deutsche Wiederbewaffnung ausdrücklich verbot. Die einzig denkbare Alternative, die Verschmelzung deutscher Truppen in einer europäischen Armee, hatte die französische Nationalversammlung im August 1954 durch ihr Veto verhindert. Und so wurde denn die Bundeswehr von Anfang an konsequent in die NATO hinein geplant, strukturiert und aufgestellt. »Gefragt, gewollt und notwendig« war vor dem Hintergrund der deutschen Geschichte ein Soldat völlig neuer Qualität, ein Soldat dessen Bewährung nicht mehr im Krieg, sondern in der Verhinderung eben dieses Krieges liegt. »Kämpfen können, um nicht kämpfen zu müssen«, war und ist das Motto.

Doch damit ist der Umfang und die ganze Tiefe dessen, was von den Soldaten der Bundeswehr gefordert werden muß, noch nicht hinreichend erfaßt. General a. D. de Maizière, einer der herausragenden Soldaten der neuen deutschen Streitkräfte, hat es mit bemerkenswerter Prägnanz gesagt: *»Die Bundeswehr ist eine Armee zur Erhaltung, und wenn es sein muß, zur Wiederherstellung des Friedens«.* Abschreckung funktioniert nur, wenn sie glaubwürdig ist. Und dies heißt nichts anderes, als daß zum Kämpfen-können, um es nicht zu müssen, das Kämpfen-wollen hinzukommen muß – wenn es um die Abwehr eines Angriffs auf unser Land, um die Wiedereinsetzung des Friedens geht. Abschreckung – ja – Verteidigung – nein – diese These bedeutet eine Täuschung der Menschen in unserem Lande und macht den Krieg nur wahrscheinlicher. Welcher potentielle Aggressor läßt sich schon von einer Armee abschrecken, die, wenn es ernst wird, die weiße Fahne hißt?

Soldaten der Bundeswehr geloben, das Recht und die Freiheit des deutschen Volkes tapfer zu verteidigen. Sie sind Soldaten gegen den Krieg.

Ein »neuer« Soldat

Soldat sein in der Bundeswehr – sei es als Wehrpflichtiger oder als Zeit- und Berufssoldat – ist von völlig neuer Qualität. Wurde der deutsche Soldat früher allein für den Krieg ausgebildet und hatte er sich hernach oft genug auf dem »Felde der Ehre« zu bewähren, ja dort sein Leben fürs Vaterland zu geben, so dient der Soldat der Bundeswehr einzig dem Frieden und, wenn es sein muß, der Wiederherstellung desselben. *»Im Schatten der Atomwaffen«*, sagte einst General de Maizière, *»gibt es keinen gerechten Krieg mehr. Aber die Notwehr bleibt gerechtfertigt, auch in unserer Zeit«*.

Soldat zu sein hatte ja schon immer etwas Zwei-Deutiges. Mal begegnen wir ihm als Aggressor, mal als »geborenem Verteidiger« seines Vaterlandes. Was beispielsweise – bleiben wir in der jüngeren Geschichte – wäre im Zweiten Weltkrieg aus der Sowjetunion und Großbritannien geworden, hätten ihre Soldaten den deutschen Invasoren nicht so hartnäckig Widerstand geleistet? Gerade hier wird die neue Qualität soldatischen Dienens in Deutschland besonders deutlich: Was damals eine verbrecherische politische Führung unternahm, stellt unser Grundgesetz ausdrücklich unter Strafe.

Mit der Einführung der allgemeinen Wehrpflicht hierzulande im Jahre 1956 hat der Gesetzgeber bewußt an freiheitliche demokratische Traditionen angeknüpft, die bis auf die Französische Revolution im Jahre 1789 und die Reformzeit in Deutschland zu Beginn des 19. Jahrhunderts zurückgehen. Theodor Heuss, unser erster Bundespräsident, hat es am 18. Januar 1949 im Parlamentarischen Rat so ausgedrückt: »Die allgemeine Wehrpflicht ist das legitime Kind der Demokratie, seine Wiege stand in Frankreich«. Die Wehrpflicht ist sinnfälliger Ausdruck des allgemeinen Gleichheitsgedankens. Das Bundesverfassungsgericht hat dazu in seinem Urteil vom 13. April 1978 ausgeführt, »daß es Pflicht aller männlichen Staatsbürger ist, für den Schutz von Freiheit und Menschenwürde als den obersten Rechtsgütern der Gemeinschaft, deren personale Träger auch sie selbst sind, einzutreten«.

Je nach Status schwört oder gelobt der Soldat der Bundeswehr, »der Bundesrepublik Deutschland treu zu dienen und das Recht und die Freiheit des deutschen Volkes tapfer zu verteidigen«. Was in diesem Zusammenhang unter »Bundesrepublik« zu verstehen ist, macht der erste Entwurf einer Eidesformel der Bundesregierung aus dem Jahre 1955 deutlich. Darin heißt es, »... das Grundgesetz der Bundesrepublik zu wahren, treu zu dienen.« Auf eine ähnliche Formel bringt es das Bundesverfassungsgericht in dem bereits erwähnten Urteil: »Der Staat, der Menschenwürde, Leben, Freiheit und Eigentum als Grundrechte anerkennt und schützt«, kann »dieser verfassungsrechtlichen Schutzverpflichtung gegenüber seinen Bürgern nur mit Hilfe eben dieser Bürger und ihres Eintretens für der Bestand der Bundesrepublik nachkommen«.

Anläßlich des 30jährigen Bestehens der Bundeswehr am 12. November 1985 sagte Bundespräsident Richard von Weizsäcker, an die Wehrpflichtigen gewandt: *»Dabei ist es doch Ihr Staat, unser Staat. Er kann nicht besser sein als unsere Gesinnung über ihn und unsere Bereitschaft, uns für ihn, also nicht für etwas Fremdes, sondern für die Gemeinschaft von uns Bürgern einzusetzen. Dazu gehört auch die Landesverteidigung. Sie ist im Grundgesetz verankert. Unsere Wehrverfassung ist demokratisch legitimiert. Sie erfordert persönliche Bereitschaft zum Dienst. Wer ihn leistet, muß sich von der allgemeinen Überzeugung getragen fühlen, daß es um unserer Freiheit willen notwendig ist, Lasten nicht nur in Form des Steuerzahlens, sondern auch des persönlichen Dienens für das Gemeinwesen auf sich zu nehmen«.*

»Alle Staatsgewalt geht vom Volke aus«, so heißt es in Art. 20 unserer Verfassung. *»Wenn also der Soldat schwört, dem Volk zu dienen, dann ist er selbst in diesen Dienst immer mit eingeschlossen. Er dient auch sich selbst. Der Soldat ist ja nach eigenem Verständnis Staatsbürger in Uniform. Er hat nach § 6 des Soldatengesetzes die gleichen staatsbürgerlichen Rechte wie jeder andere Staatsbürger auch«* (Militärpfarrer Peter H. Blaschke).

Mit der Freiheit, so hat einmal ein kluger Mann gesagt, sei es wie mit der Gesundheit. Was man an ihr gehabt habe, wisse man erst, wenn sie verloren sei. Freiheit ist nicht selbstverständlich. In einer nach wie vor unvollkommenen und sündigen Welt hat sie es nämlich an sich, ständig bedroht zu sein. Gerade wir Deutschen wissen dies aus eigener leidvoller Erfahrung. Freiheit, so haben wir gelernt, muß ständig aufs neue gewonnen und verteidigt werden. Wer kann guten Gewissens unsere Väter und Großväter anklagen, dem heraufziehenden Nationalsozialismus nicht genug Widerstand entgegengesetzt zu haben, ohne selbst etwas für die Verteidigung unserer neu gewonnenen Freiheit zu tun?

Unser Grundgesetz schützt den, der aus Gewissensgründen den »Kriegsdienst« verweigert. Eigentlich ist »Kriegsdienst« – gemessen an der Verfassungswirklichkeit, die ja bereits die Verweigerung des Wehrdienstes erlaubt – ein verwirrender Begriff. Wehrdienst, so, wie wir ihn verstehen, ist Friedensdienst, soll den Kriegsdienst ja gerade verhindern. Insofern läßt auch und gerade derjenige sich von seinem Gewissen leiten, der seinen Wehrdienst in den Streitkräften leistet.

Immer mehr junge Männer machen vom Recht auf Kriegsdienstverweigerung Gebrauch. Es stimmt nachdenklich, wenn in Teilen der Gesellschaft die Meinung vorherrscht, daß Wehrdienst und Ersatzdienst subjektiv wählbare und gleichwertige Alternativen seien. Es stimmt noch nachdenklicher, wenn inzwischen eine Mehrheit der 16–24jährigen hierzulande den Ersatzdienst moralisch höher bewertet als den Wehrdienst.

Es ist ja richtig: für den sozial engagierten jungen Bürger stellt der Einsatz in karitativen Bereichen ein erstrebenswertes Ziel dar und ist gewiß eine sehr wichtige gesellschaftliche Aufgabe. Freilich: dies alles ist nur möglich in einem Land mit stabiler Sicherheit, und die beruht in einer konfliktbeladenen Welt nun einmal auch und vor allem auf hinreichender und glaubwürdiger Verteidigungsfähigkeit. Der innere Frieden ist nicht zu haben ohne den äußeren Frieden.

Die Verfassung der Bundesrepublik Deutschland hat sich dem Frieden verschrieben, doch ist sie keineswegs pazifistisch. Die Verpflichtung zur Friedensstaatlichkeit geht einher mit der Verpflichtung zur militärischen Landesverteidigung. »Das Grundgesetz verpflichtet die Bundesrepublik zur wehrhaften

Friedensstaatlichkeit. Es duldet keine Politik des reinen verteidigungspolitischen Verzichts oder der schlichten Wehrlosigkeit« (Friedrich Vogel, CDU-Bundestagsabgeordneter). Die Devise »Frieden schaffen ohne Waffen« enthält zwar eine faszinierende Vision, doch sie bricht sich an den Realitäten dieser Welt. Halten wir's daher lieber mit der pragmatischen Friedenspolitik der Bundesregierung, deren Motto lautet »Frieden schaffen mit immer weniger Waffen«. Und verzweifeln wir nicht an der Paradoxie, daß vor der Abrüstung leider oft genug Aufrüstung notwendig ist. Ohne die Nachrüstung des Westens mit landgestützten Mittelstreckenraketen hätte es keinen Vertrag gegeben, der eben diese Waffenkategorie weltweit verbietet.

In der deutschen Geschichte ist die Bundeswehr die erste auf der Basis der allgemeinen Wehrpflicht in einem freiheitlichen demokratischen Rechtsstaat aufgestellte Armee. Seit dem 1. April 1957 haben nahezu 5,5 Millionen junge Bürger in der Bundeswehr als Wehrpflichtige gedient. Sie haben damit einen Generationenvertrag erfüllt, den der ehemalige Bundespräsident Carl Carstens folgendermaßen beschrieben hat: »Die Jahrgänge der jungen Mannschaft unseres Landes leisten Wehrdienst, damit die anderen in Frieden arbeiten und in Freiheit ihr Leben bestimmen können. Diejenigen, die heute dienen, wissen, daß morgen andere, jüngere, diesen Dienst für sie übernehmen werden«.

40 Jahre NATO bedeuten 40 Jahre Frieden für die Völker in Ost und West. 34 Jahre davon hat die Bundeswehr als kampfkräftigste Armee der westlichen Allianz in Mitteleuropa an der Nahtstelle zwischen den Blöcken einen wichtigen Beitrag zur Abschreckung und damit zum Frieden geleistet. Die Aussichten, daß es nach dem INF-Vertrag zu weiteren west-östlichen Abrüstungsvereinbarungen und damit zu einer stabileren Friedensordnung in Europa kommt, stehen gut. Zu all dem haben die Wehrpflichtigen der Bundeswehr durch ihren oftmals aufopferungsvollen Dienst einen wichtigen Beitrag geleistet. Bundeskanzler Kohl sagte auf der Sitzung der Staats- und Regierungschefs der NATO im März 1988 in Brüssel: »Wir haben gute Karten. Die gemeinsamen Werte der Freiheit und des

Rechts, auf denen unser Bündnis gegründet ist, sind mit ungebrochener Anziehungskraft die Hoffnung aller Völker. 40 Jahre Friedenspolitik geben unserem Bündnis moralische Kraft«. Der junge Bürger kann diesem Gemeinwesen mit gutem Gewissen dienen.

Mit den Unterschriften von Bundespräsident Dr. Theodor Heuss und Bundeskanzler Dr. Konrad Adenauer besiegelte die Bundesrepublik Deutschland ihren Beitrag zum Nordatlantikvertrag.

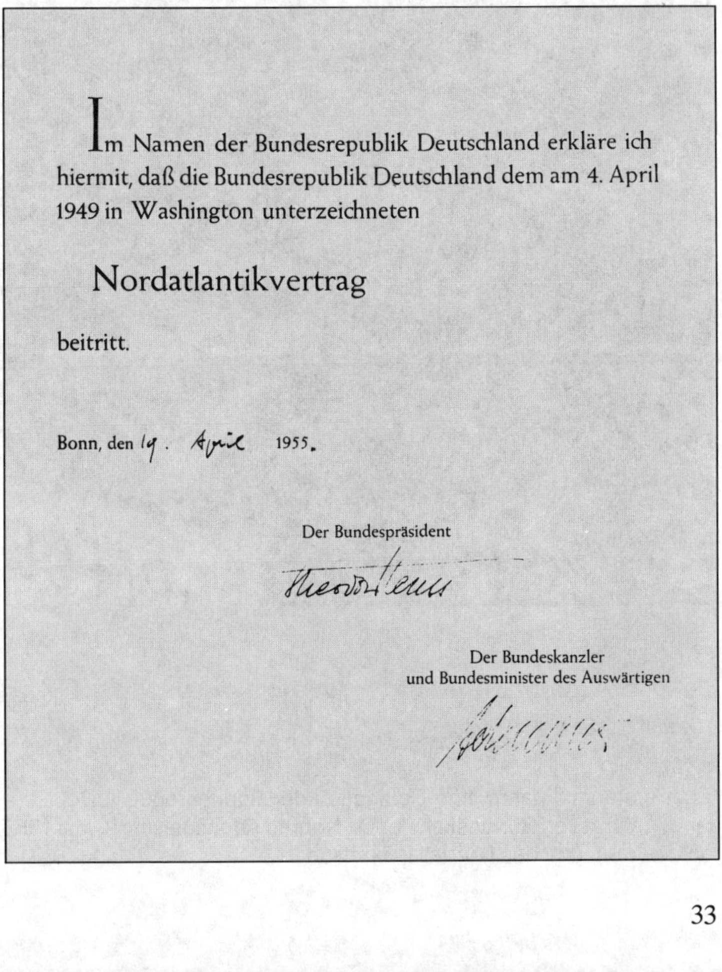

Im Namen der Bundesrepublik Deutschland erkläre ich hiermit, daß die Bundesrepublik Deutschland dem am 4. April 1949 in Washington unterzeichneten

Nordatlantikvertrag

beitritt.

Bonn, den 19. April 1955.

Der Bundespräsident

Der Bundeskanzler
und Bundesminister des Auswärtigen

Zum erstenmal nahm eine Delegation der Bundesrepublik Deutschland, geführt von Bundeskanzler Dr. Konrad Adenauer, am 9. Mai 1955 an einer Sitzung des Nordatlantikrats teil.

Das Bündnis

Von seinem Ursprung und seinen Zielen

Solidarität
Der Deich
Die Ziele
Die Partner

In der Präambel des NATO-Vertrags bekräftigen die Mitgliedstaaten ihren Wunsch, »mit allen Völkern und allen Regierungen in Frieden zu leben«.

Solidarität

Schon die alten Griechen wußten, daß Einigkeit stark macht. Sie erzählten folgende Geschichte: Ein Vater, dessen Leben sich dem Ende zuneigte, rief seine Söhne zu sich, gab jedem einen Pfeil in die Hand und forderte sie auf, die Pfeile zu zerbrechen. Mühelos taten dies die Söhne. Dann nahm der Vater die gleiche Anzahl Pfeile, legte sie zusammen und schnürte ein Band um sie. Er forderte die Söhne auf, einen nach dem anderen, ihre Kraft an dem Bündel zu erproben. Die Söhne strengten sich an; sie schafften es nicht. Der Vater sagte: »Wenn jeder von euch allein steht, wird er sein Erbe verlieren. Wenn ihr einig seid, werdet ihr es behalten.« Möglich, daß die Griechen diese Geschichte nicht nur privat gedeutet wissen wollten. Es ist sogar wahrscheinlich, daß sie eine Lehre für das in Stadtstaaten zerplitterte Griechenland gewesen ist.
Die Mahnung, die den Griechen galt, kann auf Europa übertragen werden. Hat dieser Kontinent sich nicht immer wieder selbst geschadet, weil einer gegen den anderen stand? War es nicht so, daß oft und für lange Zeit die gemeinsame Wurzel Europas vergessen wurde? Gewiß ist in vielen Schulen vieler Staaten die alte griechische Fabel gelesen worden. Aber verstanden wurde sie nicht mehr.
Um im Bild der Fabel zu bleiben: Es waren Brüder, denen der Vater zeigte, daß Einigkeit stark macht. Verwandtes läßt sich gewissermaßen auf natürliche Weise verbinden, zu einem Bund formen, der zusammenhält; Beliebiges nicht.
Sind die Staaten aber, die sich in der NATO zusammengefunden haben, miteinander verwandt? Sprechen die Völker nicht verschiedene Sprachen? Haben sie nicht immer ihre jeweils eigenen Interessen gehabt, die sich oftmals nicht miteinander vereinbaren ließen? Gilt dies nicht auch heute?
Dies ist alles richtig und zeigt, daß das Bild von den gebündelten Pfeilen möglicherweise zu einfach gezeichnet ist und nicht die ganze Wirklichkeit widerspiegelt. Und doch bleibt es im Kern wahr. Es gibt ein gemeinsames Erbe. Lange Zeit hatte man es aus den Augen verloren. In der Not haben sich die Völker und ihre Regierungen wieder daran erinnert.

Was das gemeinsame Erbe ist? Zum einen die Herrschaft des Rechts, das die Römer ihren »Nachfolgern« hinterlassen haben. Zum anderen die Freiheit der Person. Sie ist den Europäern von den Griechen überliefert worden. Zum dritten die Grundsätze der Demokratie. Sie sind in Großbritannien, in den Niederlanden, in den nordischen Staaten gewachsen. Sie brachen sich elementar Bahn, als die Amerikaner ihre Unabhängigkeit erstritten und als die Franzosen ihre große Revolution machten.
Natürlich kann man kritische Fragen stellen. Waren die Grundsätze der Demokratie in Portugal lebendig, als dessen Regierung 1949 den NATO-Vertrag mit unterschrieb? Oder in Griechenland, als Militärs Jahre lang diktatorisch regierten? Oder in bestimmten Jahren in der Türkei? Gewiß nicht. Aber es hat Wendungen zum Besseren gegeben. Niemand kann beweisen, daß dies der NATO zu danken gewesen ist. Aber es liegt nahe anzunehmen, daß die enge Verbindung zu demokratischen Staaten für diese Entwicklung vorteilhaft war.
Die Mitglieder des Atlantik-Pakts – auch insofern trifft das Bild in der griechischen Parabel nicht genau – sind nicht zusammengebunden. Sie haben, um ein anderes Bild zu gebrauchen, einander untergehakt. Sie halten freiwillig zusammen. Sie sind sich ihres gemeinsamen Erbes bewußt. Sie haben gemeinsame Werte.

Der Deich

Europa war verblutet im Zweiten Weltkrieg. Seine einstige Macht und Bedeutung war übergegangen auf die Flügelmächte, die Vereinigten Staaten von Nordamerika auf der einen, die Sowjetunion auf der anderen Seite. Diese Flügelmächte machten nach dem Krieg von ihrer Stärke einen unterschiedlichen Gebrauch.
Die Vereinigten Staaten meinten, der Welt sei einsichtig geworden, daß sich der Krieg überlebt habe. Sie sahen die großen »Friedensstörer«, das Deutsche Reich in Europa und Japan im Pazifik, am Boden. Sie waren überzeugt, daß die große Koali-

tion der Sieger den Frieden in der Welt garantieren könne. Die gerade ins Leben gerufenen Vereinten Nationen sollten das Instrument hierzu sein. Die Vereinigten Staaten vertrauten darauf, daß die Völker und ihre Regierungen die Lehren aus den Grauen des Krieges beherzigen würden. Sie bauten auf die Vernunft. Wozu noch die Millionen Soldaten? Wozu die fürchterlichen Waffen? War nicht das Zeitalter des Friedens angebrochen? Und waren diese Soldaten und diese Waffen dem Frieden nicht im Wege? War nicht der Frieden das übergeordnete Prinzip, das politische wie weltanschauliche Gegensätze wenn schon nicht ausgleichen, so doch überwölben konnte?
Die Vereinigten Staaten gaben eine eindeutige Antwort auf diese Fragen. Sie rüsteten ab. In den Jahren 1945 und 1946 verließen drei Millionen amerikanische Soldaten Europa. Sie wurden demobilisiert. Der Frieden brauchte sie. Mit den Amerikanern zogen alle Kanadier aus Europa ab. Großbritannien, die einzige europäische Macht, die im Krieg die Unabhängigkeit hatte retten können, folgte dem Beispiel der Vereinigten Staaten und Kanadas. 1947 hatten die Briten ihre Truppenstärke in Europa von ursprünglich 750000 Mann auf 100000 Mann verringert.
Die Folge: In Westeuropa war ein machtleerer Raum entstanden, ein Vakuum. Die Sowjetunion, die ihre Armee auf nahezu voller Kriegsstärke hielt, gewann nicht nur die Baltischen Staaten zurück, die sie im Zweiten Weltkrieg zunächst annektiert, dann verloren und schließlich wiedererobert hatte. Die Macht der Panzer und Bajonette wirkte in Polen, für das die Westmächte mit Moskau eine Koalitionsregierung vereinbart hatten. Die Koalition in Polen zerbrach sehr schnell. Die polnischen Kommunisten gewannen im Schutz der Sowjetmacht die Alleinherrschaft im Land.
Die Rote Armee kontrollierte selbstverständlich die Besatzungszone der Sowjetunion in Deutschland. Gestützt auf diese Macht leitete Moskau eine politische Umorientierung ein, die diesen Teil Deutschlands dem übrigen Deutschland entfremdete und dem sowjetischen Vorbild mehr und mehr anglich. Am Ende, und das sehr bald schon, hatten auch dort die Kommunisten das Machtmonopol.

Die Amerikaner – unser Bild zeigt US-Soldaten 1945 beim Einmarsch in eine deutsche Stadt – verminderten nach dem Krieg drastisch ihre Streitkräfte.

Wo Sowjetsoldaten in Europa die Rote Fahne hißten – hier auf dem Reichstag in Berlin – errangen die Kommunisten bald das Machtmonopol.

Auf ähnlichen Wegen wie in Polen, nur nicht ganz so schnell, verlief auch die Entwicklung in der Tschechoslowakei. Als der tschechoslowakische Außenminister Masaryk in Prag aus dem Fenster seines Dienstzimmers stürzte, war dies ein Zeichen dafür, daß die demokratische Koalition zerbrochen und ein kommunistisches Machtmonopol entstanden war. In Griechenland unterstützte Moskau einen Bürgerkrieg. Druck wurde wirksam gegen Finnland, die Türkei und Persien. In Berlin, der Stadt, die von den vier großen Siegermächten gemeinsam verwaltet werden sollte, blockierten die Sowjets die Zugangswege zu den West-Sektoren. All dies waren Zeichen dafür, daß die sowjetische Macht wie eine Springflut in ungeschütztes Land vorstieß.

Die freien Nationen, allen voran die Vereinigten Staaten, fühlten sich durch diese Politik herausgefordert. Sie waren bestrebt zu verhindern, daß der Frieden, für den sie gekämpft und für den sie große Opfer gebracht hatten, zum Kirchhofsfrieden verkümmerte. Die Vereinigten Staaten reagierten zunächst politisch, mit einem Hilfsversprechen für Staaten und Völker, deren Freiheit unmittelbar bedroht war, und mit einem Programm für den Wiederaufbau des geschundenen Europa, nach dem damaligen Außenminister Marshall-Plan genannt. Alle Staaten, so lautete das Angebot, sollten an dieser Hilfe teilhaben können, auch die Sowjetunion und die Staaten, die in ihrem Machtbereich lagen. Moskaus Antwort auf dieses Angebot hieß: Nein.

Es war ein »Nein«, das für alle galt, die im sowjetischen Interessengebiet lagen. Die Tschechoslowaken, die das amerikanische Hilfsangebot zunächst begrüßt hatten, wurden energisch zurückgepfiffen.

Erst die zweite Antwort der freien Nationen war auch militärischer Art. Es war das Bündnis, in dem sich die beiden nordamerikanischen Mächte, USA und Kanada, mit Großbritannien, Frankreich, Belgien, den Niederlanden, Luxemburg, Norwegen, Dänemark, Portugal, Island und Italien zusammenschlossen – die NATO. Das Bündnis sollte der Deich sein, hinter dem Völker und Menschen zerstörtes Land wieder fruchtbar machen konnten. Der Gründung der NATO war nicht nur ein politisches Programm **voraus**gegangen. Die NATO ist immer ein Instrument der Politik gewesen und geblieben. Sie war nie eingegrenzt auf das Militärische. Zentral ist das **politische** Bemühen. Bis heute.

Die Ziele

Die Besinnung auf das gemeinsame Erbe hat den freien Nationen vor Augen geführt, daß gemeinsames Handeln notwendig ist, um dieses Erbe für die Zukunft zu sichern. Natürlich brach sich auch die nüchtern-praktische Einsicht Bahn, daß die Staaten Europas, jeder für sich allein, im Sturm der Zeit nicht bestehen könnten. Die Kriege des Jahrhunderts hatten Europa ausgeblutet. Einstige Weltmächte waren zu Mittelmächten herabgesunken.

Mit dem NATO-Vertrag machte dieses Europa den Versuch, gestützt auf die Weltmacht Amerika, sein Überleben zu sichern und eine angemessene Stellung in der Welt zurückzugewinnen. Die NATO ist nicht der einzige Weg zu diesem Ziel. Aber sie ist das Bündnis, das Europa mit den Vereinigten Staaten von Amerika und mit Kanada zusammenführt. Damals, wenige Jahre nach dem Zweiten Weltkrieg, war unmittelbar einsichtig, was bis heute Grundlage des den Atlantik überspannenden Bündnisses geblieben ist: Die Sicherheit in Freiheit und das Wohlergehen der europäischen und nordamerikanischen Partner sind unauflöslich miteinander verbunden.

Einigkeit herrscht zwischen Nordamerikanern und Europäern in dem Ziel, die Werte zu schützen, die das Leben lebenswert und den Frieden menschenwürdig machen. Diese Werte sind nicht national parzelliert. Sie gelten für alle. Darum sind gemeinsame Anstrengungen und politische Bemühungen möglich und wichtig.

Das Ziel ist in der **Präambel** des NATO-Vertrages festgeschrieben.

»Die Parteien dieses Vertrages bekräftigen erneut ihren Glauben an die Ziele und Grundsätze der Satzung der Vereinten Nationen und ihren Wunsch, mit allen Völkern und allen Regierungen in Frieden zu leben.

Sie sind entschlossen, die Freiheit, das gemeinsame Erbe und die Zivilisation ihrer Völker, die auf den Grundsätzen der Demokratie, der Freiheit der Person und der Herrschaft des Rechts beruhen, zu gewährleisten.
Sie sind bestrebt, die innere Festigkeit und das Wohlergehen im nordatlantischen Gebiet zu fördern.
Sie sind entschlossen, ihre Bemühungen für die gemeinsame Verteidigung und für die Erhaltung des Friedens und der Sicherheit zu vereinigen.«
Die Präambel des NATO-Vertrages klingt feierlich, vielleicht zu feierlich für nüchterne und skeptische Ohren. Aber die Grundsätze, die dort verkündet werden, begründen den Zusammenhalt, sie geben der Solidarität, dem Einstehen des einen für den anderen und dem gemeinsamen Handeln ihren Sinn.
Diese Grundsätze schlagen sich nieder in einer konkreten Politik für den Frieden, die Androhung oder Anwendung von Gewalt zwischen den Staaten als Mittel zur Lösung politischer Konflikte ausschließen, die Zusammenarbeit mit anderen Staaten – auch mit Staaten unterschiedlicher Gesellschaftsordnung – zum beiderseitigen Vorteil fördern, durch Verhandlungen über Rüstungskontrolle und Abrüstung ein stabiles Kräftegleichgewicht auf möglichst niedrigem Niveau herstellen und damit einen dauerhaften Zustand des Friedens in ganz Europa mit weniger Waffen schaffen will.
Im Rahmen dieser Politik haben die Streitkräfte die Aufgabe, im Frieden durch Einsatzbereitschaft und Verteidigungsfähigkeit die Sicherheit aller Mitgliedstaaten des Bündnisses sowie ihre politische Handlungsfreiheit zu erhalten, in der Krise Verteidigungsbereitschaft zu demonstrieren und dadurch zur politischen Krisenbewältigung beizutragen und im Verteidigungsfall die lebenswichtigen Interessen aller zu schützen.
Alle Mitgliedstaaten der NATO wollen den Frieden erhalten. Sie wollen, daß internationale Streitigkeiten auf friedlichem Wege beigelegt werden. Sie verfolgen eine gemeinsame Sicherheitspolitik, um von diesem Fundament aus gemeinsam dem Frieden in Europa und in der Welt immer wieder neue Impulse zu geben.

Darüber hinaus haben sich die NATO-Staaten verpflichtet, Stabilität und Wohlergehen sowie die politische und wirtschaftliche Zusammenarbeit im eigenen Bereich zu fördern.
Der Nordatlantik-Vertrag hat 14 Artikel.
Artikel 1 definiert die Grundprinzipien, die von den Mitgliedstaaten in ihren internationalen Beziehungen zu beachten sind, um eine Gefährdung des Friedens und der internationalen Sicherheit zu vermeiden:
»Die Parteien verpflichten sich, in Übereinstimmung mit der Satzung der Vereinten Nationen jeden internationalen Streitfall, an dem sie beteiligt sind, auf friedlichem Wege so zu regeln, daß der internationale Friede, die Sicherheit und die Gerechtigkeit nicht gefährdet werden, und sich in ihren internationalen Beziehungen jeder Gewaltandrohung oder Gewaltanwendung zu enthalten, die mit den Zielen der Vereinten Nationen nicht vereinbar sind.«
Artikel 2 bezeichnet die von den Mitgliedstaaten in ihren internationalen Beziehungen zu verfolgenden Ziele und die sich daraus ergebenden Verpflichtungen:
»Die Parteien werden zur weiteren Entwicklung friedlicher und freundschaftlicher internationaler Beziehungen beitragen, indem sie ihre freien Einrichtungen festigen, ein besseres Verständnis für die Grundsätze herbeiführen, auf denen die Einrichtungen beruhen, und indem sie die Voraussetzungen für die innere Festigkeit und das Wohlergehen fördern. Sie werden bestrebt sein, Gegensätze in ihrer internationalen Wirtschaftspolitik zu beseitigen und die wirtschaftliche Zusammenarbeit zwischen einzelnen oder allen Parteien zu fördern.«
In **Artikel 3** erklären die Signatarstaaten, daß sie ihre Fähigkeiten erhalten und ausbauen werden, individuell oder kollektiv einem bewaffneten Angriff zu widerstehen:
»Um die Ziele dieses Vertrages besser zu verwirklichen, werden die Parteien einzeln und gemeinsam durch ständige und wirksame Selbsthilfe und gegenseitige Unterstützung die eigene und die gemeinsame Widerstandskraft gegen bewaffnete Angriffe erhalten und fortentwickeln.«
Artikel 4 gilt für den Fall der Bedrohung der territorialen Integrität, politischen Unabhängigkeit und Sicherheit eines der

Mitgliedstaaten des Bündnisses und sieht eine gemeinsame Konsultation vor, wann immer einer von ihnen sich bedroht fühlt. In der Praxis findet diese Konsultation im Nordatlantikrat und seinen nachgeordneten Ausschüssen statt:

»Die Parteien werden einander konsultieren, wenn nach Auffassung einer von ihnen die Unversehrtheit des Gebietes, die politische Unabhängigkeit oder die Sicherheit einer der Parteien bedroht ist.«

Artikel 5* ist der Kernstück des Vertrages, durch den die Mitgliedstaaten vereinbaren, einen bewaffneten Angriff auf einen von ihnen auf der einen oder anderen Seite des Atlantik als einen Angriff gegen alle zu betrachten. Er verpflichtet sie, die notwendigen Schritte zu unternehmen, um sich im Falle eines bewaffneten Angriffs gegenseitig zu helfen.

Obwohl es jedem Signatarstaat freisteht, jedwede Maßnahme zu treffen, die er für erforderlich hält, so stellt der Artikel doch fest, daß die Mitgliedstaaten individuell und gemeinsam Schritte unternehmen müssen, um die Sicherheit wiederherzustellen und zu erhalten. Gemeinsames Handeln wird durch das naturgegebene Recht der individuellen und kollektiven Selbstverteidigung gerechtfertigt, wie es in Artikel 51 der Charta der Vereinten Nationen niedergelegt ist. Es ist jedoch vereinbart, daß die Allianz ihre eigenen Maßnahmen gemäß den Bestimmungen des Artikels 51 einstellt, sobald der Sicherheitsrat der Vereinten Nationen seinerseits die notwendigen Maßnahmen getroffen hat, um den internationalen Frieden und die internationale Sicherheit wiederherzustellen und zu erhalten:

»Die Parteien vereinbaren, daß ein bewaffneter Angriff gegen eine oder mehrere von ihnen in Europa oder Nordamerika als ein Angriff gegen sie alle angesehen werden wird; sie vereinbaren daher, daß im Falle eines solchen bewaffneten Angriffs jede von ihnen in Ausübung des in Artikel 51 der Satzung der Vereinten Nationen anerkannten Rechts der individuellen oder kollektiven Selbstverteidigung der Partei oder den Parteien, die angegriffen

---

* Der Anwendungsbereich von Artikel 5 wurde durch das Protokoll zum Nordatlantikvertrag über den Beitritt Griechenlands und der Türkei geändert.

werden, Beistand leistet, indem jede von ihnen unverzüglich für sich und im Zusammenwirken mit den anderen Parteien die Maßnahmen, einschließlich der Anwendung von Waffengewalt, trifft, die sie für erforderlich erachtet, um die Sicherheit des nordatlantischen Gebiets wiederherzustellen und zu erhalten.
Von jedem bewaffneten Angriff und allen daraufhin getroffenen Gegenmaßnahmen ist unverzüglich dem Sicherheitsrat Mitteilung zu machen. Die Maßnahmen sind einzustellen, sobald der Sicherheitsrat diejenigen Schritte unternommen hat, die notwendig sind, um den internationalen Frieden und die internationale Sicherheit wiederherzustellen und zu erhalten.«

Artikel 6 definiert das Gebiet, innerhalb dessen Artikel 5 gilt. Er besagt jedoch nicht, daß nicht auch Ereignisse, die außerhalb dieses Gebietes auftreten, Thema der Konsultation im Bündnis sein können. Die internationale Gesamtlage kann Auswirkungen auf die Erhaltung von Frieden und Sicherheit im Bündnisgebiet haben, und der Nordatlantikrat muß daher seine Aufmerksamkeit der Behandlung dieser Lage als einer wichtigen Angelegenheit zuwenden:

»Im Sinne des Artikel 5 gilt als bewaffneter Angriff auf eine oder mehrere Parteien jeder bewaffnete Angriff auf das Gebiet einer der Parteien in Europa und Nordamerika, auf die algerischen Departements Frankreichs, auf die Besatzungsstreitkräfte einer Partei in Europa, auf die der Gebietshoheit einer Partei unterstehenden Inseln im nordatlantischen Gebiet nördlich des Wendekreises des Krebses oder auf die Schiffe oder Flugzeuge einer der Parteien in diesem Gebiet.«*

In **Artikel 7 und 8** erklären die Mitgliedstaaten, daß keine ihrer bestehenden internationalen Verpflichtungen den Bestimmungen des Vertrages zuwiderläuft, und daß sie in Zukunft keine Verpflichtungen eingehen werden, die den Vertrag verletzen könnten. Insbesondere stellen sie fest, daß Rechte und Ver-

---

* Am 16. Januar 1963 gab der französische Vertreter im Rat eine Erklärung über die Auswirkung der Unabhängigkeit Algeriens auf bestimmte Vorschriften des Nordatlantikvertrags bekannt. Der Rat stellte fest, daß die Vorschriften des Nordatlantikvertrags, soweit sie die früheren algerischen Departments Frankreichs betreffen, mit Wirkung vom 3. Juli 1962 gegenstandslos geworden sind.

pflichtungen im Zusammenhang mit der Mitgliedschaft in den Vereinten Nationen von dem Vertrag nicht berührt werden, ebensowenig die primäre Rolle des Sicherheitsrates der Vereinten Nationen auf dem Gebiet des internationalen Friedens und der internationalen Sicherheit:

»Dieser Vertrag berührt weder die Rechte und Pflichten, welche sich für die Parteien, die Mitglieder der Vereinten Nationen sind, aus deren Satzung ergeben, oder die in erster Linie bestehende Verantwortlichkeit des Sicherheitsrates für die Erhaltung des internationalen Friedens und der internationalen Sicherheit, noch kann er in solcher Weise ausgelegt werden.

Jede Partei erklärt, daß keine der internationalen Verpflichtungen, die gegenwärtig zwischen ihr und einer anderen Partei oder einem dritten Staat bestehen, den Bestimmungen dieses Vertrages widerspricht, und verpflichtet sich, keine diesem Vertrag widersprechende internationale Verpflichtung einzugehen.«

Artikel 9 sieht vor, daß die Vertragsschließenden einen Rat gründen, in dem jeder von ihnen vertreten sein soll und der in der Lage sein soll, zu jeder Zeit schnell zusammenzutreten. Der Rat wiederum wird mit der Schaffung nachgeordneter Gremien beauftragt, die zur Durchführung der Bestimmungen des Vertrages notwendig sind. Dies ist die Basis, auf der sich mit der Zeit die Organisation des Nordatlantikvertrages (NATO) aufgebaut hat:

»Die Parteien errichten hiermit einen Rat, in dem jede von ihnen vertreten ist, um Fragen zu prüfen, welche die Durchführung dieses Vertrages betreffen. Der Aufbau dieses Rats ist so zu gestalten, daß er jederzeit schnell zusammentreten kann. Der Rat errichtet, soweit erforderlich, nachgeordnete Stellen; insbesondere setzt er unverzüglich einen Verteidigungsausschuß ein, der Maßnahmen zur Durchführung der Artikel 3 und 5 zu empfehlen hat.«

Artikel 10 sieht die Möglichkeit der Aufnahme weiterer europäischer Staaten vor, die in der Lage sind, die Grundsätze des Vertrages zu fördern. Im Jahre 1952 traten Griechenland und die Türkei, im Jahre 1955 die Bundesrepublik Deutschland und im Jahre 1982 Spanien gemäß den Bestimmungen dieses Artikels dem Vertrag bei:

»Die Parteien können durch einstimmigen Beschluß jeden anderen europäischen Staat, der in der Lage ist, die Grundsätze dieses Vertrages zu fördern und zur Sicherheit des nordatlantischen Gebiets beizutragen, zum Beitritt einladen. Jeder so eingeladene Staat kann durch Hinterlegung seiner Beitrittsurkunde bei der Regierung der Vereinigten Staaten von Amerika Mitglied dieses Vertrages werden. Die Regierung der Vereinigten Staaten von Amerika unterrichtet jede der Parteien von der Hinterlegung einer solchen Beitrittsurkunde.«

Artikel 11 beschreibt den Ratifizierungsprozeß für den Vertrag entsprechend den verfassungsmäßigen Verfahren der Signatarstaaten, und auf welche Weise er in Kraft tritt.

Artikel 12 und 13 behandeln die Möglichkeit der Änderung und Kündigung des Vertrages. Nach zehnjähriger Laufzeit können die Partner übereinkommen, den Vertrag zu ändern (Artikel 12). Nach Ablauf von zwanzig Jahren kann jede Partei mit einjähriger Kündigungsfrist aus dem Bündnis austreten (Artikel 13). Diese Artikel haben noch nie Anwendung gefunden.

Artikel 14 legt fest, daß der englische und französische Wortlaut des Vertrages in gleicher Weise maßgebend sind und in der amerikanischen Hauptstadt Washington, D. C., hinterlegt werden. Englisch und Französisch sind weiterhin die beiden Amtssprachen der NATO.

Die Partner

Die NATO, 1949 von zwölf Staaten gegründet, zählt mittlerweile 16 Mitgliedstaaten, nämlich Belgien, Dänemark, Frankreich, Griechenland (seit 1952), Großbritannien, Island, Italien, Kanada, Luxemburg, die Niederlande, Norwegen, Portugal, Spanien (seit 1982), die Türkei (seit 1952), die USA und die Bundesrepublik Deutschland (seit 1955).

Belgien ist eine konstitutionelle Monarchie mit einem in zwei Kammern gegliederten Parlament. Nahezu 10 Millionen Belgier wohnen auf 30540 Quadratkilometern. Die vier Millionen Beschäftigten arbeiten zu je einem Drittel in Handel und Indu-

strie sowie im Dienstleistungsbereich, zu dem in Belgien auch das Transportwesen zählt. Jeder fünfte Beschäftigte steht im öffentlichen Dienst. Nur vier Prozent der Beschäftigten arbeiten in der hochentwickelten Landwirtschaft.
In Belgien gilt die allgemeine Wehrpflicht. Stärkste Teilstreitkraft ist das Heer, gefolgt von der Luftwaffe und einer kleinen Marine.
Dänemark ist ebenfalls eine konstitutionelle Monarchie. Das Parlament hat nur eine Kammer. 5 Millionen Einwohner leben auf 43000 Quadratkilometern. Die Statistik gliedert die Beschäftigten folgendermaßen auf: Sozialer Dienst 34 Prozent, Industrie 21 Prozent, Handel 13 Prozent; je acht Prozent arbeiten in der Land- und Forstwirtschaft (einschließlich Fischfang), in der Bauwirtschaft und im Transportwesen. Die dänischen Soldaten dienen aufgrund allgemeiner Wehrpflicht.
Die **Bundesrepublik Deutschland** ist ein föderalistischer Staat mit einem Zwei-Kammer-Parlament. 61 Millionen Einwohner leben auf einem Staatsgebiet, das 249535 Quadratkilometer mißt. Die 27 Millionen Beschäftigten arbeiten zu je 42 Prozent in Industrie und Handel sowie im Dienstleistungsbereich. Jeder Zehnte steht im öffentlichen Dienst. Nur sechs Prozent sind in der Land- und Forstwirtschaft beschäftigt.
Auch in der Bundesrepublik Deutschland gilt die allgemeine Wehrpflicht. Die Streitkräfte gliedern sich in Heer, Luftwaffe, Marine, Sanitätsdienst und den Zentralen militärischen Bereich.
Frankreich ist eine Republik mit einem in zwei Kammern gegliederten Parlament. Die rund 55 Millionen Einwohner haben ein Staatsgebiet von 571670 Quadratkilometern zur Verfügung. Der größte Teil der 24 Millionen Beschäftigten, nämlich 46,5 Prozent, arbeitet im Dienstleistungsbereich einschließlich des öffentlichen Dienstes. Industrie und Handel folgen mit etwa 45 Prozent, die Landwirtschaft mit rund 8 Prozent.
Die Streitkräfte – es gilt die allgemeine Wehrpflicht – sind nicht in die gemeinsame Verteidigung der NATO eingegliedert.
Griechenland ist eine Republik mit einem Ein-Kammer-Parlament. Die Einwohnerzahl beläuft sich auf ca. 10. Millionen, das Staatsgebiet mißt 132608 Quadratkilometer. Die vier Mil-

lionen Beschäftigten arbeiten mit mehr als einem Drittel im Dienstleistungsbereich, mit je einem knappen Drittel in der Industrie und in der Landwirtschaft.
Für die Griechen gilt die allgemeine Wehrpflicht. Die stärkste Teilstreitkraft ist das Heer. Luftwaffe und Marine sind nahezu gleich stark.

Großbritannien ist eine konstitutionelle Monarchie. Das Parlament gliedert sich in ein Ober- und ein Unterhaus. Das Staatsgebiet – es wird von 57 Millionen Briten bewohnt – ist mit 244 046 Quadratkilometern nur geringfügig kleiner als die Bundesrepublik Deutschland. Die Statistik weist 59 Prozent der 27 Millionen Beschäftigten im Dienstleistungsbereich aus, 30 Prozent in der Industrie, 6 Prozent im Bauwesen, drei Prozent im Bergbau und im Energiesektor sowie zwei Prozent in der Landwirtschaft.
Großbritanniens Soldaten sind Berufssoldaten. Trotz einer starken Marine und Luftwaffe ist das Heer zahlenmäßig größte Teilstreitkraft.

Island ist eine Republik mit einem Zwei-Kammer-Parlament. 240 000 Isländer bewohnen die 102 843 Quadratkilometer große Insel. Die über 100 000 Beschäftigten arbeiten zu 43 Prozent in der Industrie und im Handel, zu 34 Prozent im Dienstleistungsbereich einschließlich der öffentlichen Verwaltung, zu 14 Prozent in der Fischerei und zu neun Prozent in der Landwirtschaft.
Island unterhält keine Streitkräfte.

Italien ist eine Republik. Das Parlament hat zwei Kammern. 57 Millionen Einwohner leben auf einer Fläche von 301 225 Quadratkilometern. Drei Fünftel der Beschäftigten sind im Dienstleistungsbereich einschließlich Verwaltung tätig, ein knappes Drittel in Industrie und Handel, ein Zehntel in der Landwirtschaft.
Die Streitkräfte basieren auf der allgemeinen Wehrpflicht.

Kanada ist eine parlamentarische Demokratie. Staatsoberhaupt ist die britische Königin. Sie wird vertreten durch einen Generalgouverneur. Das Parlament hat zwei Kammern. Nicht ganz 26 Millionen Einwohner leben auf einem riesigen Staatsgebiet (9,9 Millionen Quadratkilometer). 52 Prozent der

Das atlantische Bündnis

1 Belgien	6 Griechenland	12 Portugal
2 Kanada	7 Island	13 Spanien
3 Dänemark	8 Italien	14 Türkei
4 Frankreich	9 Luxemburg	15 Grossbritanien
5 Bundesrepublik Deutschland	10 Niederlande	16 Vereinigte Staaten
	11 Norwegen	

12,2 Millionen Beschäftigten arbeiten in der Industrie und im Handel, rund 28 Prozent im Dienstleistungsbereich, sechs Prozent im öffentlichen Dienst, gut drei Prozent in der Landwirtschaft.
Kanada kennt keine allgemeine Wehrpflicht. Die stärkste Teilstreitkraft ist die Marine, gefolgt von der Luftwaffe und dem Heer.
Luxemburg ist ein Großherzogtum. Das Parlament hat zwei Kammern. 370000 Einwohner leben auf 2586 Quadratkilometern. Fast die Hälfte der 161000 Beschäftigten ist im Dienstleistungsbereich beschäftigt, ein gutes Drittel in Industrie und Handel, ein Zehntel im öffentlichen Dienst. Jeder Zwanzigste arbeitet in der Landwirtschaft.
Die aufgrund der allgemeinen Wehrpflicht dienenden Soldaten sind ausschließlich Heeressoldaten.
Die **Niederlande** sind eine konstitutionelle Monarchie mit einem in zwei Kammern gegliederten Parlament. Sie zählen 14,5 Millionen Einwohner auf 41160 Quadratkilometern. 4,6 Millionen Beschäftigte arbeiten zu 36 Prozent in der Industrie und im Handel, zu 34 Prozent im Dienstleistungsbereich, zu 15 Prozent im öffentlichen Dienst und zu sechs Prozent in der Landwirtschaft.
Für die Niederlande gilt die allgemeine Wehrpflicht.
Norwegen ist ebenfalls eine konstitutionelle Monarchie. Das Parlament hat eine Kammer. 4,2 Millionen Norweger bewohnen ein Staatsgebiet, das 389000 Quadratkilometer mißt. Mehr als die Hälfte der zwei Millionen Beschäftigten sind im Dienstleistungssektor und im öffentlichen Dienst tätig, mehr als zwei Fünftel in der Industrie und nur vier Prozent in der Landwirtschaft und Fischerei.
In Norwegen gilt die allgemeine Wehrpflicht.
Portugal ist eine Republik. Das Parlament hat zwei Kammern. Die Einwohnerzahl beträgt 9,1 Millionen, das Land hat eine Fläche von 94276 Quadratkilometern. 4,1 Millionen stehen im Erwerbsleben. Die Beschäftigtenstruktur weist folgendes Bild auf: Dienstleistungen und öffentlicher Dienst 37 Prozent, Industrie und Handel ebenfalls 37 Prozent, Landwirtschaft und Fischerei 26 Prozent.

In Portugal gilt die allgemeine Wehrpflicht; das Heer ist nicht in die gemeinsame Verteidigung der NATO eingeordnet.

Spanien ist eine konstitutionelle Monarchie mit einem Zwei-Kammer-Parlament. 39 Millionen Einwohner wohnen auf einem Staatsgebiet von 507606 Quadratkilometern. 13 Millionen Beschäftigte arbeiten zu einer knappen Hälfte im Dienstleistungsbereich und öffentlichen Dienst, zu einem Drittel in der Industrie und im Handel und zu 17 Prozent in der Landwirtschaft.

Die Soldaten dienen aufgrund allgemeiner Wehrpflicht. Das Heer ist ebenso wie das portugiesische nicht in die NATO eingegliedert.

Die **Türkei** ist eine Republik. Das Parlament hat eine Kammer. 52,3 Millionen Bewohner leben auf 766640 Quadratkilometern. 18 Millionen Beschäftigte arbeiten zu 61 Prozent in der Landwirtschaft, zu 27 Prozent im Dienstleistungsbereich einschließlich der öffentlichen Verwaltung und zu 12 Prozent in Industrie und Handel.

Die Türkei hat allgemeine Wehrpflicht.

Die **Vereinigten Staaten** von Amerika sind eine Republik mit einem Zwei-Kammer-Parlament. 240 Millionen Einwohner leben auf 9372614 Quadratkilometern. Die Beschäftigten (116 Millionen) weisen folgende Struktur auf: Dienstleistungen einschließlich der öffentlichen Verwaltung 66 Prozent, Industrie und Handel 31 Prozent, Landwirtschaft vier Prozent.

Die Vereinigten Staaten haben Freiwilligen-Streitkräfte.

Die NATO ist ein Bündnis souveräner und gleichberechtigter Staaten. Sie ist keine überstaatliche Organisation.

16 freie Staaten verteidigen gemeinsam ihre Freiheit. Und weil die Freiheit das Motiv dieser Gemeinsamkeit ist, bleiben diese Staaten frei, d. h., es gibt keine Unter- und Überordnung. Es gibt niemanden, der das Sagen über die anderen hätte.

Strukturen

Von der Organisation des Bündnisses

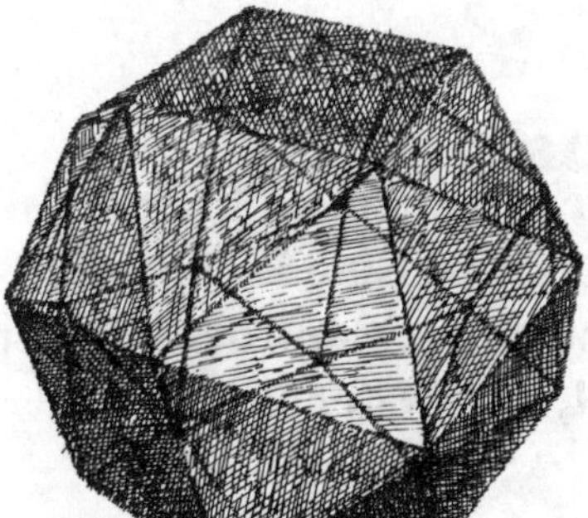

Die Spitze
Die Basis
Schulter an Schulter

Das höchste Gremium im Bündnis ist eine politische Instanz. Eine Politik, die Sicherheit verbürgen und den Frieden fördern will, bedarf der Macht.

Die Spitze

Organisation spiegelt, wie gesagt, die Verfassung wider, in der sich eine Gemeinschaft befindet.
In der deutschen Geschichte hat es einen berühmten Streit zwischen zwei berühmten Männern gegeben. Der eine war Bismarck, preußischer Ministerpräsident und später Kanzler des 1871 gegründeten Reichs; der andere war Moltke, Generalfeldmarschall und Chef des Großen preußischen Generalstabs. Der Streit ging um das Verhältnis der militärischen zur zivilen Macht. Es ging, verkürzt gesagt, darum, wem die Entscheidung über militärische Aktionen auch im Einsatz zustände, dem Politiker oder dem Soldaten. Bismarck hat diesen in mehreren Runden ausgetragenen Streit gewonnen. Kraft seiner Persönlichkeit und weil er die besseren Argumente hatte. In anderen Zeiten unserer Geschichte ist dieser Konflikt zwischen anderen Männern ausgetragen worden und führte zu einem anderen Ergebnis, zum Beispiel vor und im Ersten Weltkrieg, auch in der Weimarer Republik.
Vor dem Hintergrund dieser Erfahrung ist der Primat der Politik in der Bundesrepublik Deutschland verfassungsrechtlich verankert. Kein Soldat der Bundeswehr hat je daran gedacht, ihn infrage zu stellen.
Was für die Bundesrepublik Deutschland gilt, gilt auch für die anderen Mitgliedstaaten des Atlantik-Pakts. Ein anderes Prinzip ist in Demokratien nicht denkbar. Und was für die Mitgliedstaaten gilt, hat Gültigkeit auch im Bündnis. Die höchste Instanz in der NATO ist eine politische Instanz. Und da es sich bei der Nordatlantischen Allianz um ein Bündnis souveräner Staaten handelt, bildet nicht etwa ein einzelner, zum Beispiel der amerikanische Präsident, die Spitze des Bündnisses, sondern ein Kollegium, der **Nordatlantik-Rat**.
Dieser Rat kennt mehrere Möglichkeiten der Zusammensetzung. Die große Besetzung ist die der Regierungschefs der 16 Mitgliedstaaten. Es liegt allerdings in der Natur der Sache, daß die Regierungschefs nicht ständig, nicht einmal oft oder in einem regelmäßigen Rhythmus miteinander konferieren können. Die große Besetzung bleibt also die Ausnahme.

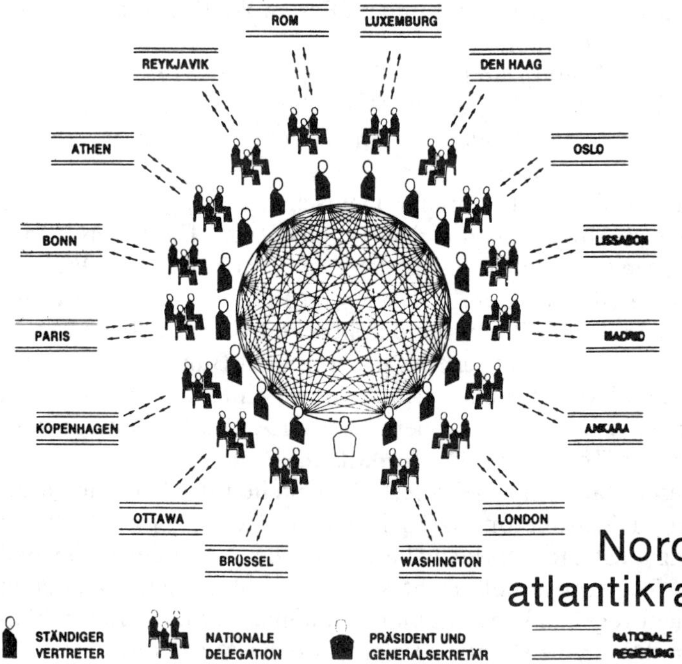

Nord-atlantikrat

Der Nordatlantikrat bildet die politische Spitze. Unser Foto (oben) zeigt eine Sitzung mit Bundeskanzler Dr. Helmut Kohl und Außenminister Hans-Dietrich Genscher (beide rechts im Bild).

Anstelle der Regierungschefs können die Außenminister der Mitgliedsländer im Rat zusammenkommen. Auch das ist nicht ständig möglich. Immerhin gibt es hierfür einen regelmäßigen Rhythmus. Der von den Außenministern gebildete Rat trifft sich im Herbst in Brüssel und im Frühjahr in einem der Mitgliedsländer.
Die normale Besetzung des Nordatlantik-Rats ist die durch die Ständigen Vertreter (Botschafter) der 16 Regierungen in Brüssel. Sie sind immer verfügbar. Sie können jederzeit, gebunden an die Weisungen ihrer Regierungen, miteinander konferieren.
Der Nordatlantik-Rat erörtert alle Fragen, die sich in der Bündnis- und Außenpolitik stellen und die von gemeinsamem Interesse sind, d. h., er diskutiert Möglichkeiten und Maßnahmen, die dem Ziel der NATO, den Frieden zu erhalten und die Sicherheit zu gewährleisten, dienen. Verwehrt ist dem Rat nur die Diskussion innerer Angelegenheiten der Mitgliedstaaten. Verständlicherweise, weil die Partner in der Allianz souverän sind. Daraus folgt auch, daß der Rat kein Mitgliedsland majorisieren und überstimmen kann. Es bedarf der Übereinstimmung, des Konsenses. Für die Bürger der Mitgliedstaaten ist es beruhigend, dies zu wissen.
Man hätte daran denken können, den Vorsitz im Nordatlantik-Rat in einem bestimmten Rhythmus wechseln zu lassen. Damit wären allerdings Reibungsverluste verbunden, die notwendige Kontinuität wäre infrage gestellt gewesen. Man hat daher einen Generalsekretär berufen. Er führt den Vorsitz. Seit Mitte 1988 ist dies der frühere Bundesminister der Verteidigung Dr. Manfred Wörner; er ist der erste Deutsche auf diesem Posten.
Politisch besetzt ist auch ein zweites Kollegium in der Spitze der Allianz: der **Verteidigungsplanungsausschuß**; denn alle militärischen Maßnahmen des Bündnisses müssen auf eine politische Weisung zurückgeführt werden. Dem Verteidigungsplanungsausschuß gehören die Ständigen Vertreter der Staaten an, die sich an der militärischen Integration des Bündnisses beteiligen. Das bedeutet, daß Frankreich in diesem Gremium nicht vertreten ist.

Zweimal jährlich tagt der Verteidigungsplanungsausschuß auf der Ebene der Verteidigungsminister analog zu dem Außenministertreffen im Nordatlantik-Rat. Den Vorsitz führt auch hier der Generalsekretär der NATO. Diesen Räten untergeordnet sind eine Fülle von Ausschüssen ziviler und militärischer Art. Sie alle handeln im Auftrag der Räte und sind diesen berichts- und rechenschaftspflichtig.

Die Basis

Eine Politik, die Sicherheit verbürgen und den Frieden fördern will, bedarf der Macht, andernfalls wäre sie zur Ohnmacht verurteilt.
Die Macht der Staaten des Bündnisses beruht auf ihrem politischen System, der freiheitlichen und sozialen Ordnung, der gesellschaftlichen Entwicklungsfähigkeit, der wirtschaftlichen Stärke. Sie stützt sich natürlich auch auf Streitkräfte, die die politische Ordnung, das wirtschaftliche Handeln und die gesellschaftliche Entwicklung schützen.
Dem gemeinsamen politischen Willen der Bündnispartner können »nationale« Streitkräfte nicht genügen. Die Streitkräfte der NATO sind – so der Fachausdruck – integriert, das heißt, zu einem Ganzen zusammengeschlossen. Soweit dies nicht geschehen ist, sind sie für die Integration gemeldet. Gemeinsames Planen und Handeln erfordert sowohl dauernde Abstimmung, als auch eine einheitliche Befehls- und Kommandostruktur.
Die planende militärische Spitze der NATO ist der **Militärausschuß**. Der Nordatlantikrat, die politische Spitze des Bündnisses, hat ihm den Auftrag zugewiesen, im Frieden diejenigen Maßnahmen zu empfehlen, die für die gemeinsame Verteidigung des NATO-Gebiets für erforderlich gehalten werden. Dem Militärausschuß der NATO gehören die Generalstabschefs der verbündeten Streitkräfte an. Da die Bundeswehr keinen Generalstab, mithin auch keinen Generalstabschef hat, wird sie durch den Generalinspekteur vertreten. Frankreich gehört dem Militärausschuß nicht an; Island kann, da es über

Bundeskanzler Dr. Helmut Kohl mit dem Präsidenten der Nordatlantischen Versammlung Ton Frinking (oben). Die Nordatlantische Versammlung – sie ist kein offizielles NATO-Organ – besteht aus Parlamentariern der Mitgliedstaaten.
rechts oben: Eine Sitzung des Verteidigungsplanungsausschusses, an der Verteidigungsminister Professor Dr. Rupert Scholz und der Generalinspektor der Bundeswehr, Admiral Dieter Wellershoff, teilnahmen.
rechts unten: der Militärausschuß der NATO mit NATO-Generalsekretär Dr. Manfred Wörner und dem Vorsitzenden des Ausschusses, General Wolfgang Altenburg.

SECRETARY GENERAL
CHAIRMAN M.C.

keine eigenen Streitkräfte verfügt, einen Beamten entsenden. Die Generalstabchefs sind naturgemäß nicht immer verfügbar. Sie kommen wohl mehrmals im Jahr zusammen; an den Routine-Sitzungen, die einmal in der Woche stattfinden, nehmen jedoch Ständige Vertreter der Generalstabschefs teil. Die Deutschen stellten mehrfach den Vorsitzenden des Militärausschusses. Von 1963 bis 1964 nahm General Adolf Heusinger dieses Amt wahr, von 1971 bis 1974 General Johannes Steinhoff, seit 1986 General Wolfgang Altenburg.
Der Militärausschuß ist weisungsberechtigt gegenüber den Obersten Befehlshabern Europa, Ärmelkanal und Atlantik sowie gegenüber der regionalen amerikanisch-kanadischen Planungsgruppe.
Die Planung der gemeinsamen Verteidigung, die Sicherstellung der Abschreckung ist die eine Seite. Gewissermaßen ein Nebenprodukt ist, daß die Gemeinsamkeit der Partner im Militärischen ein Gegeneinander nahezu ausschließt.

Schulter an Schulter

Die Soldaten der Bundesrepublik Deutschland sind in den Befehlsbereich Europa eingegliedert. Oberster Befehlshaber war seit 1949 stets ein amerikanischer General, der derzeit zwei Stellvertreter hat. Einer davon ist seit 1978 ein Deutscher, zur Zeit General Eberhard Eimler.
Damit wird dem Gewicht Rechnung getragen, das die Bundesrepublik Deutschland bei der gemeinsamen Verteidigung hat. Die deutschen Interessen haben einen Sachwalter.
Ein wesentliches deutsches Interesse ist, daß die Verteidigung grenznah gewährleistet wird. Die Bundesrepublik ist lang und schmal. Sie hat eine für die Verteidigung nicht gerade günstige Gestalt. Es mangelt an Tiefe. Grenznahe Verteidigung, von den Militärs Vorneverteidigung genannt, ist nur denkbar, weil die Bundeswehr einen guten Teil der präsenten Streitkräfte stellt. Deutsche Soldaten sichern unmittelbar ein Lebensinteresse der Bundesrepublik Deutschland. Vorneverteidigung strebt die frühzeitige Abwehr eines Angriffs an, damit nicht

überwältigt und möglichst nicht zerstört wird, was verteidigt werden soll.
Auch die Beteiligung anderer, ja, möglichst vieler Partner an der grenznahen Verteidigung, und zwar von Anfang an, liegt in deutschem Interesse. Nur so ist gesichert, daß ein Angreifer sofort mit einer solidarischen Reaktion des Bündnisses rechnen muß. Das bedeutet für die Bundesrepublik, daß sie vom ersten Tage an niemals allein steht. Zwar bringt die Stationierung alliierter Streitkräfte auf deutschem Boden große Belastungen mit sich. Nicht nur die deutschen Truppen üben und verursachen Verkehrsstaus und Manöverschäden. Piloten verschiedener Luftwaffen üben den Tiefflug, weil sie im Ernstfall auf diese Weise am ehesten der gegnerischen Abwehr entgehen und den Angreifer stoppen können.
Das strapaziert unsere Bürger. Aber: Diese Belastungen sind ein Preis für unsere Sicherheit und für den Frieden. Und: Solche Lasten ruhen nicht nur auf Deutschland und den Deutschen. Deutsche Piloten üben den Tiefflug zum Beispiel auch in Staaten europäischer Verbündeter sowie in Texas, in Kanada und der Türkei. Panzerbataillone der Bundeswehr schießen in Kanada und Wales. Deutsche Truppen üben auf französischen Plätzen.
In der Bundesrepublik Deutschland stehen alliierte Streitkräfte ständig Schulter an Schulter mit Soldaten der Bundeswehr. Bei den Landstreitkräften wechseln deutsche mit alliierten Verbänden; von Norden nach Süden ergibt sich folgendes Bild: Dänen, Deutsche, Niederländer, Deutsche, Briten, Belgier, Deutsche, Amerikaner, Deutsche. Im Südwesten der Bundesrepublik Deutschland sind zudem – neben dem die Verbindungswege sichernden Territorialheer der Bundeswehr – Kanadier und Franzosen stationiert. Alle Heeresverbände unterstehen im Frieden nationaler Befehlsgewalt. Erst im Verteidigungsfall werden Verbände des Feldheeres NATO-Befehlshabern unterstellt. Bestimmte Heeresverbände verbleiben unter nationalem Kommando, solche nämlich, die den rückwärtigen Raum sichern.
Anders die Luftwaffe. Damit das Bündnis unmittelbar auf einen Überraschungsangriff reagieren kann, sind die auf deut-

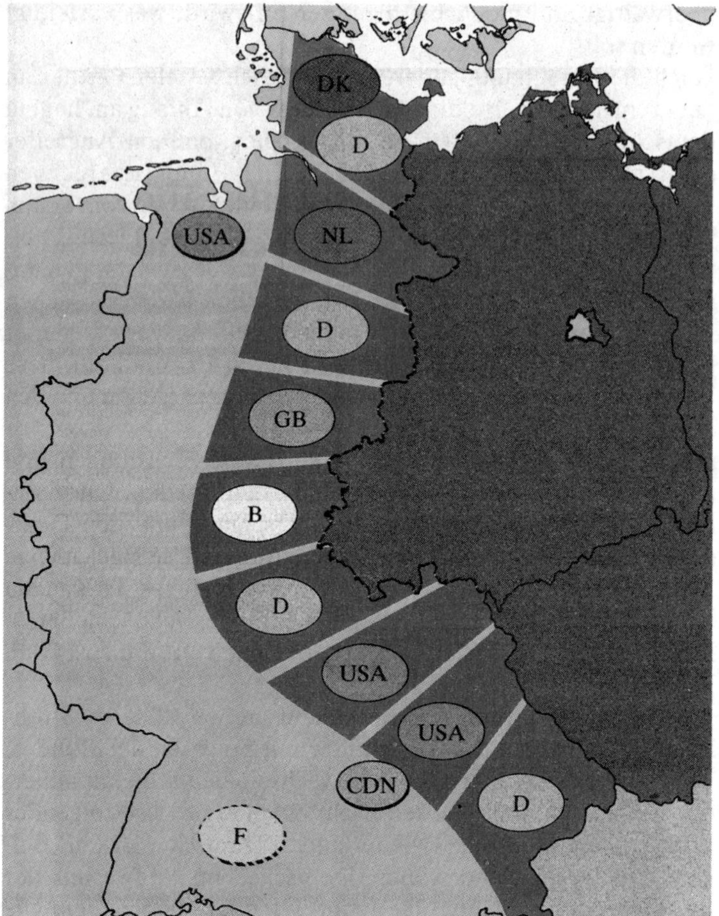
DK
D
USA
NL
D
GB
B
D
USA
USA
CDN
D
F

In der Bundesrepublik Deutschland stehen deutsche und alliierte Soldaten Schulter an Schulter (Graphik links). Sie gewährleisten Vorneverteidigung. Unser Bild (oben) zeigt amerikanische Soldaten in der Bundesrepublik Deutschland beim Manöver.

schem Boden stationierten Kräfte der Luftverteidigung und der Luftraumüberwachung bereits im Frieden in die NATO-Befehlsstruktur eingeordnet. Dies betrifft die fliegenden Verbände ebenso wie die Flugkörper-(Raketen-)Geschwader und die Truppen, die den Luftraum überwachen. Nur Nachschub und Transport sind nationale Aufgaben.

Auch für die Marine gilt die Vorneverteidigung: in der Ostsee, den Ostseezugängen und in der Nordsee. Die Verteidigung der Ostsee ist gemeinsame Aufgabe von Deutschen und Dänen. In den anderen Seebereichen beteiligen sich auch andere Marinen, Norweger, Niederländer, Belgier, vor allem aber Briten und Amerikaner. Nicht nur das Vordringen feindlicher Seestreitkräfte ist abzuwehren. Vor allem sind die lebenswichtigen Seeverbindungen freizuhalten. Die See ist die große Rollbahn nicht nur für das Heranführen militärischer Verstärkungen, sondern auch für die Versorgung der Bevölkerung. Das unterscheidet West und Ost. Der Ostblock ist eine geschlossene kontinentale Macht. Die transatlantische NATO ist dagegen auf die Seeverbindungen zwischen den nordamerikanischen und europäischen Bündnispartnern angewiesen.

Die Strategie

Friedensförderung und Kriegsverhinderung

Der große Entwurf
Abschreckung
Entwicklung
Gleichgewicht
Nuklearwaffen
Mitsprache

Die Atlantische Allianz sucht auf der Basis gesicherter Verteidigungsfähigkeit »nach Fortschritten in Richtung auf dauerhafte Beziehungen, mit deren Hilfe die grundlegenden politischen Fragen gelöst werden können«.

Der große Entwurf

Strategie ist mehr und anderes als die Kunst der Kriegführung. Sie ist zunächst Politik, ein Gesamtplan, nach dem ein Ziel verfolgt wird. Strategie der NATO ist Politik zur Sicherung und Förderung des Friedens und zur Verhinderung des Krieges, kurz: Sicherheits- und Friedenspolitik

Man hat dem Westen vorgeworfen, daß er einseitig militärische Sicherheitspolitik betrieben habe und auch, nachdem in der Sowjetunion das Umdenken eingesetzt habe, immer noch betreibe. Die öffentliche Diskussion im Jahre 1988 und zu Beginn des Jahres 1989 erweckte den Eindruck, daß der sowjetische Staats- und Parteichef den großen Entwurf für eine europäische Friedensordnung entwickelt habe. Stimmt das? Es trifft zu, daß ohne sowjetisches Umdenken die Friedenspolitik weiterhin stagnieren würde; aber der Entwurf einer Strategie für den Frieden ist mehr als 20 Jahre alt. Er ist in der NATO entwickelt worden. Es sah damals so aus, als habe er wenig Chancen, verwirklicht zu werden; aber er hat die Entspannungspolitik der 70er Jahre getragen. Es ist auch für die gegenwärtige Diskussion nützlich, wenn man sich dieses Entwurfs erinnert, in dem als politisches Ziel die »weitere Suche nach Fortschritten in Richtung auf dauerhafte Beziehungen, mit deren Hilfe die grundlegenden politischen Fragen gelöst werden können«, festgeschrieben war. Ist das nicht, wenngleich nüchtern formuliert, die Vorwegnahme der Vision eines »gemeinsamen europäischen Hauses«?

1966 beschloß der NATO-Rat auf Initiative des belgischen Außenministers Harmel *»die künftigen Aufgaben der Allianz und ihre Verfahren und deren Erfüllung zu untersuchen, um die Allianz als einen Faktor des dauernden Friedens zu stärken«*. Aus diesem Auftrag erwuchs der Harmel-Bericht, der bis heute Grundlage der Strategie der NATO ist. Das ergibt sich schon daraus, daß der Bericht auf allen nachfolgenden Tagungen des NATO-Rats immer wieder bestätigt worden ist. Besonders wichtig ist die Ziffer 5 des Berichts. Sie lautet:

»Die Atlantische Allianz hat zwei Hauptfunktionen. Die erste besteht darin, eine ausreichende militärische Stärke und politi-

sche Solidarität aufrechtzuerhalten, um gegenüber Aggressionen und anderen Formen von Druckanwendung abschreckend zu wirken und das Gebiet der Mitgliedstaaten zu verteidigen, falls es zu einer Aggression kommt. Seit ihrer Gründung hat die Allianz diese Aufgabe erfolgreich erfüllt. Aber die Möglichkeit einer Krise kann nicht ausgeschlossen werden, solange die zentralen politischen Fragen in Europa, zuerst und zunächst die Deutschlandfrage, ungelöst bleiben. Außerdem schließt die Situation der Unstabilität noch immer eine ausgewogene Verminderung der Streitkräfte aus. Unter diesen Umständen werden die Bündnispartner zur Sicherung des Gleichgewichts der Streitkräfte das erforderliche militärische Potential aufrechterhalten und dadurch ein Klima der Stabilität, der Sicherheit und des Vertrauens schaffen.
In diesem Klima kann die Allianz ihre zweite Funktion erfüllen: die weitere Suche nach Fortschritten in Richtung auf dauerhafte Beziehungen, mit deren Hilfe die grundlegenden politischen Fragen gelöst werden können. Militärische Sicherheit und eine Politik der Entspannung stellen keinen Widerspruch, sondern eine gegenseitige Ergänzung dar. Die kollektive Verteidigung ist ein stabilisierender Faktor in der Weltpolitik. Sie bildet die notwendige Voraussetzung für eine wirksame, auf größere Entspannung gerichtete Politik. Der Weg zu Frieden und Stabilität in Europa beruht vor allem auf dem konstruktiven Einsatz der Allianz im Interesse der Entspannung. Die Beteiligung der UdSSR und der Vereinigten Staaten wird zur wirksamen Lösung der politischen Probleme Europas erforderlich sein.«
Die »Suche nach Fortschritten in Richtung auf dauerhafte Beziehungen« zielt auf die Schaffung einer gerechten und dauerhaften Friedensordnung in Europa. Dies ist das höchste politische Ziel der Allianz. Sie fand und findet auf mehreren Ebenen statt. Eine Ebene waren und sind Gespräche und Verhandlungen zwischen den Supermächten, den Vereinigten Staaten von Amerika und der Sowjetunion. Ihr Ziel war unter anderem die Begrenzung strategischer Rüstungen. SALT (Strategic Arms Limitation Talks) wurde bald zu einem festen Begriff. 1972 unterzeichneten beide Regierungen einen unbefristeten Vertrag (ABM) über die Begrenzung ihrer jeweiligen Raketenabwehr-

systeme sowie ein weiteres Abkommen – es war bis 1977 befristet – über die Begrenzung strategischer Offensivwaffen (SALT I). SALT war kein **Abrüstungs**vertrag, sondern ein Rüstungskontrollabkommen. Es stoppte mit der Festlegung verbindlicher Obergrenzen die Rüstungsdynamik. Die nachfolgenden Verhandlungen über eine weitergehende Begrenzung der strategischen Waffen führten schließlich zu einem zweiten Vertrag (SALT II), der 1979 unterschrieben wurde. Der amerikanische Senat hat sich jedoch nicht entschließen können, diesen Vertrag zu ratifizieren. Der Hauptgrund: Sowjetische Truppen waren Ende 1979 in Afghanistan eingerückt. Das Klima verschlechterte sich. Doch hielten sich beide Seiten an den Inhalt des Abkommens; das heißt, ein formell nicht bestehender Vertrag war gleichwohl wirksam.
1982 begannen die Supermächte Verhandlungen über die Reduzierung strategischer Rüstungen, die den beziehungsreichen Namen START erhielten (Strategic Arms Reduction Talks). Die Gespräche verliefen mühsam, aber sie kamen voran. Als sich der amerikanische Präsident und der sowjetische Generalsekretär bei ihrem Treffen in Island 1986 auf Eckwerte verständigten, war dies ein entscheidender Schritt. Zur Diskussion steht die Halbierung der strategischen Nuklearwaffen, das heißt eine **echte** Abrüstung beider Seiten.
Ein wichtiger Impuls für die Entspannungspolitik ging auf einer anderen Ebene von der Bundesrepublik Deutschland aus. Bereits 1966 wurden Weichen gestellt für eine Ostpolitik, die der amerikanischen Entspannungspolitik entsprach.
Die Bemühungen kamen voran, als die Bundesrepublik Deutschland nach dem Regierungswechsel 1969 auf ihren Anspruch verzichtete, allein für alle Deutschen zu sprechen, und als sie bekundete, die innerdeutsche Grenze sowie die Westgrenze Polens wenn auch nicht festzuschreiben, so doch respektieren zu wollen.
Im deutsch-sowjetischen Vertrag, dem Moskauer-Vertrag von 1970, verpflichteten sich die Vertragspartner unter Bezugnahme auf die Charta der Vereinten Nationen zum Verzicht auf Gewaltanwendung und Gewaltandrohung »in ihren gegenseitigen Beziehungen« wie in Fragen, »die die Sicherheit in Europa

Unsere Bilder zeigen die Unterzeichnung des »Moskauer Vertrages« durch Bundeskanzler Willy Brandt und den sowjetischen Ministerpräsidenten Kossygin (links) sowie die Unterzeichnung des »Warschauer Vertrages« durch Bundeskanzler Willy Brandt und den polnischen Ministerpräsidenten Cyrankiewicz.

und die internationale Sicherheit berühren«. Sie kamen ferner überein, die »territoriale Integrität aller Staaten in Europa in ihren heutigen Grenzen uneingeschränkt« zu achten und »keine Gebietsansprüche gegen irgend jemand« zu haben und solche in Zukunft zu erheben.

Der Moskauer Vertrag 1970 war die Grundlage für weitere Übereinkommen mit Polen 1970, der DDR 1972 und der Tschechoslowakei 1973. Er öffnete auch den Weg für ein Berlinabkommen 1971, das die Vereinigten Staaten, Großbritannien, Frankreich und die Sowjetunion abschlossen.

Der deutsch-polnische Vertrag bestimmte die »Grundlagen der Normalisierung« zwischen Polen und der Bundesrepublik Deutschland. Wichtig hierbei war die Bekräftigung der Unverletzlichkeit der bestehenden Grenzen der beiden Staaten »jetzt und in der Zukunft«. Auch im Warschauer Vertrag wurde ein Gewaltverzicht festgelegt sowie bestätigt, daß Polen und die Bundesrepublik Deutschland »gegeneinander keinerlei Gebietsansprüche haben und solche auch in Zukunft nicht haben werden«.

Im »Vertrag über die Grundlagen der Beziehungen zwischen der Bundesrepublik Deutschland und der DDR« vereinbarten beide Partner gutnachbarliche Beziehungen auf der Grundlage der Gleichberechtigung, einen Gewaltverzicht sowie die Unverletzlichkeit der innerdeutschen Grenze. Sie verpflichteten sich, die Sicherheit und Zusammenarbeit in Europa sowie eine kontrollierte internationale Rüstungsbegrenzung und Abrüstung zu fördern.

Das Viermächteabkommen über Berlin von 1971 bestätigte die Verantwortung und Rechte der Sieger des Zweiten Weltkrieges. Es verpflichtete die Sowjetunion, den Durchgangsverkehr zwischen der Bundesrepublik Deutschland und Westberlin zu erleichtern. Die Bindungen der Bundesrepublik Deutschland zu Berlin sollen aufrechterhalten und entwickelt werden, wobei festgeschrieben wurde, daß Westberlin kein konstitutiver Teil der Bundesrepublik Deutschland ist.

Die Konferenz über Sicherheit und Zusammenarbeit in Europa (KSZE) hat 1975 die Schlußakte von Helsinki verabschiedet, die zwischen West und Ost im Bereich der Sicherheit, Ver-

trauensbildung und Abrüstung (Korb I); der Zusammenarbeit in den Bereichen der Wirtschaft, Wissenschaft und Technik sowie der Umwelt (Korb II); der Menschenrechte und menschlichen Kontakte, der Information, Zusammenarbeit und dem Austausch im Bereich der Kultur und der Bildung (Korb III) zu grundlegenden Veränderungen in Europa führen soll.
In Helsinki waren Folge-Konferenzen beschlossen worden. Eine solche Konferenz regte 1983 Verhandlungen über vertrauensbildende Maßnahmen und Abrüstung in Europa (KVAE) an, die 1984 in Stockholm begannen.
Ein neues Forum für den sicherheitspolitischen Dialog war geschaffen. Das Ergebnis waren Vereinbarungen über vertrauensbildende Maßnahmen: das Anzeigen von Manövern bestimmter Größenordnung sowie die gegenseitige Beobachtung der Manöver. Auf der KSZE-Folge-Konferenz in Wien, die Anfang 1989 zu Ende ging, hat Bundesaußenminister Genscher gefordert:

»Die KSZE-Folgekonferenz ist aufgerufen, den Weg zu öffnen für Stabilität in Europa und für das Bemühen um kooperative Strukturen der Sicherheit. Zwei Mandate müssen vereinbart werden. Wir wollen Verhandlungen über vertrauens- und sicherheitsbildende Maßnahmen im Kreise der 35 KSZE-Teilnehmerstaaten und wir wollen – auch im Rahmen des KSZE-Prozesses, aber autonom – Verhandlungen der 23 Mitgliedstaaten der beiden Bündnisse über konventionelle Stabilität in Europa.
Der in Stockholm begonnene Prozeß der militärischen Vertrauensbildung muß durch ein Wiener Mandat zur Aushandlung eines zweiten Satzes von vertrauens- und sicherheitsbildenden Maßnahmen fortgesetzt werden.
Mehr Offenheit und Berechenbarkeit militärischen Verhaltens sind unerläßliche Bestandteile des Vertrauensbildungsprozesses. Wir wollen auf den in Stockholm beschlossenen Maßnahmen aufbauen und durch die Verbesserung der Notifizierungs- und Beobachtungsmodalitäten das Vertrauen unter den 35 KVAE-Teilnehmerstaaten stärken. Auch die bereits in Stockholm beschlossenen beschränkenden Bestimmungen müssen ausgebaut und ergänzt werden.

Bundesaußenminister Hans-Dietrich Genscher im Gespräch mit dem früheren österreichischen Bundespräsidenten Kirchschläger anläßlich der dritten KSZE-Folgekonferenz in Wien. Die Karte (unten) zeigt das Gebiet der 35 KSZE- und KVAE-Staaten.

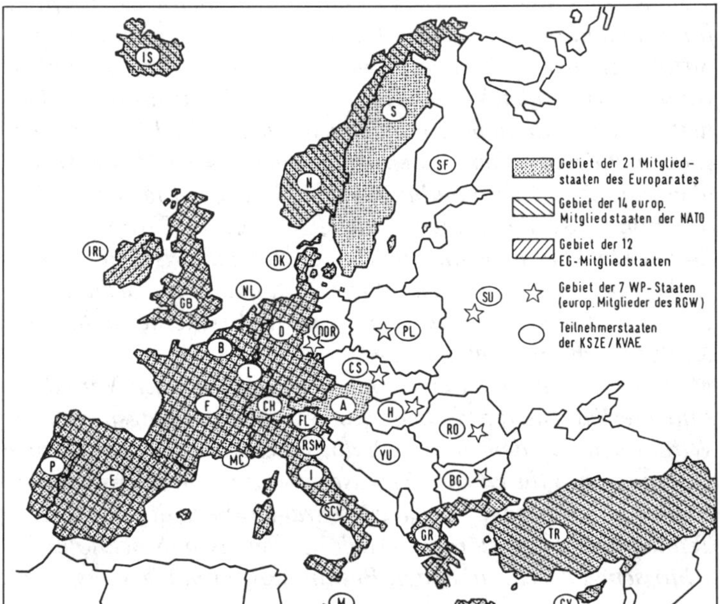

Ebenso wichtig ist Transparenz der militärischen Potentiale. Die westlichen Verbündeten hatten schon in Stockholm einen Informationsaustausch über Struktur, Dislozierung und Bewaffnung der Streitkräfte der Teilnehmerstaaten in Europa vorgeschlagen.
Das Kernproblem der militärischen Sicherheit auf unserem Kontinent ist die Schaffung konventioneller Stabilität in Europa...«
Die Verhandlungen sind angelaufen.
Kann man diese Schritte auf dem im Harmel-Bericht gewiesenen Weg, wenn man die Ausgangslage in Betracht zieht, wirklich noch »klein« nennen?

Abschreckung

Auf manchen alten Kanonen, historischen »Stücken«, kann man die Worte lesen: »Ultima ratio regis«, zu deutsch die letzte Zuflucht, das letzte Hilfsmittel des Königs. Hierzu zwei Anmerkungen:
Erstens: Kanonen sind **Hilfsmittel**. Das aber bedeutet, daß sie nicht von sich aus »gut« oder »schlecht« sind. Es kommt vielmehr darauf an, wie und zu welchem Zweck man diese Werkzeuge gebraucht. Für die einen sind sie zur Verteidigung bestimmt, sind sie »letzte Hilfsmittel«, um drängender Not zu wehren. Anderen dienten und dienen sie zur Eroberung und Unterdrückung.
Der politische Wille entscheidet.
Zweitens: Waffen sind **letzte** Hilfsmittel des Königs. Nicht immer sind die Lunten an den Geschützen erst gezündet worden, weil wirklich kein anderes Mittel mehr verfügbar war, um das Land und seine Bewohner zu schützen. Heute aber gilt dieser Satz, wenigstens für die NATO. Sie hat in den Jahrzehnten ihres Bestehens niemals angegriffen, ihre Waffen haben vielmehr einen politischen Zweck.
Sie dienen dem politischen Ziel der Kriegsverhinderung durch Abschreckung. Wenn NATO-Staaten angegriffen werden sollten, dann kommt es darauf an, ihre Unversehrtheit zu bewah-

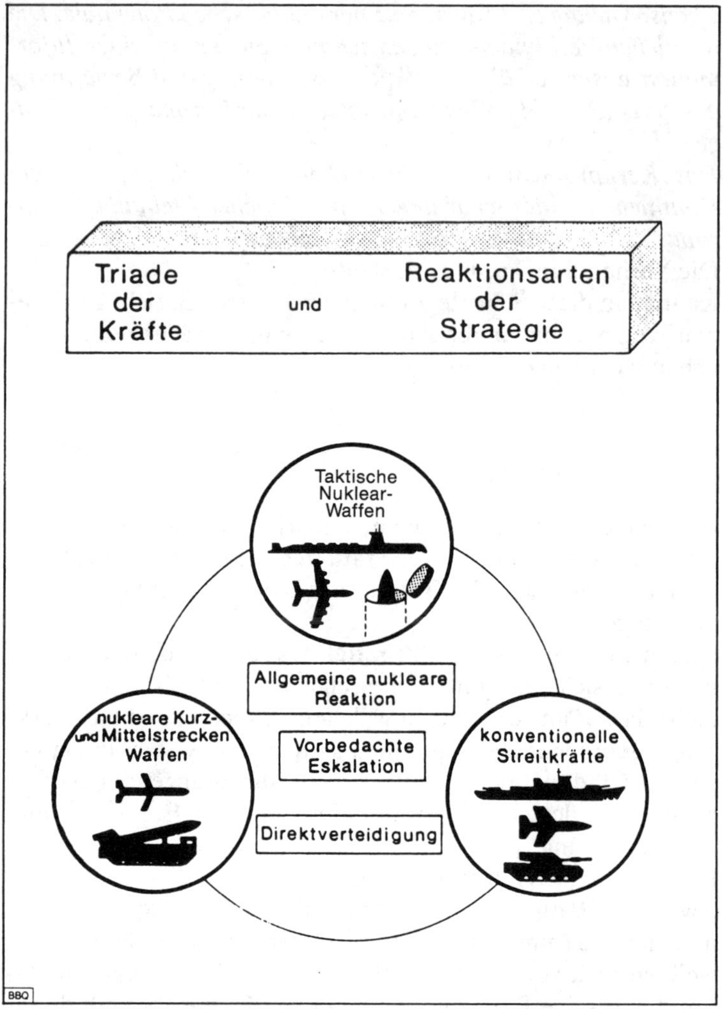

Die Graphik verdeutlicht die sogenannte Triade im Rahmen der Strategie der flexiblen Reaktion.

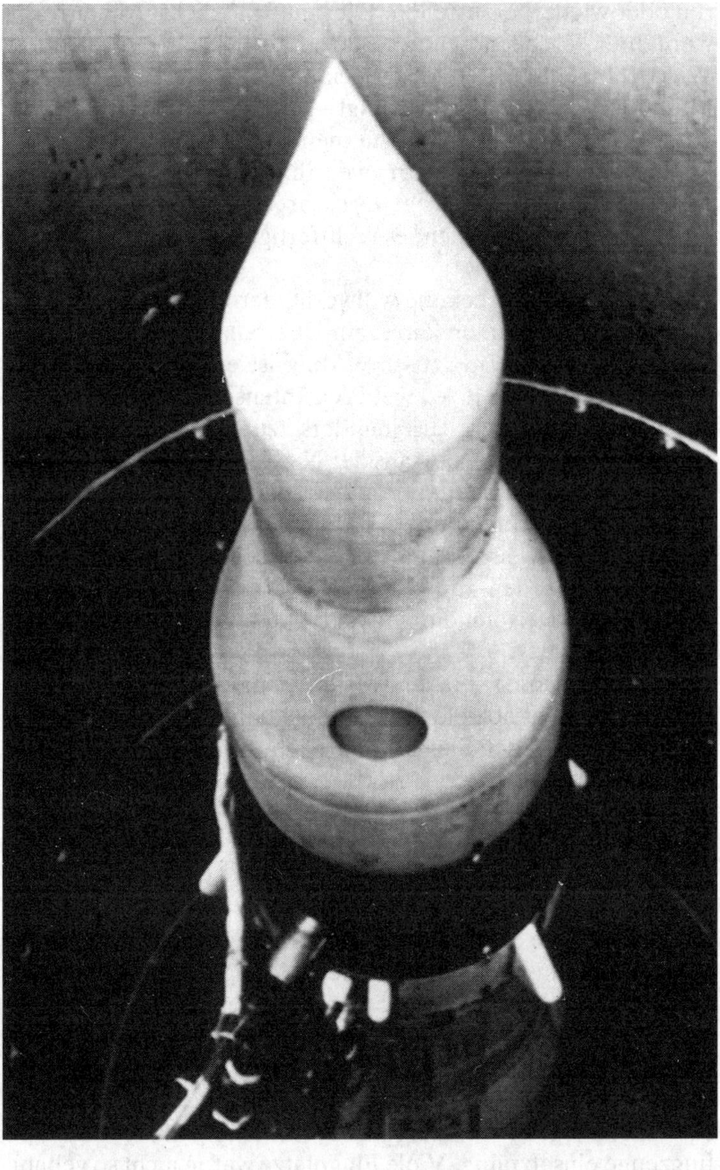

Eine verbunkerte amerikanische Interkontinentalrakete.

ren oder wiederherzustellen. Dies muß möglichst früh erreicht werden: Kriegsbeendigung zu akzeptablen Bedingungen durch Wiederherstellung der Abschreckung.
Militär ist – so paradox das klingt – in erster Linie dazu da, vom Krieg abzuschrecken. Manche meinen, Abschreckung sei ein unglücklich gewähltes Wort, weil ihm das Wort »Schrecken« innewohnt. Gleichwohl hat »Abschreckung« einiges für sich. Das Mittel ist schrecklich; es rechtfertigt sich jedoch durch das Ziel.
Militärische Abschreckung will verhindern, daß jemand zu der Entscheidung kommen kann, ein Überfall lohne sich. Sie muß daher lückenlos sein. Abschreckung ist ein Stolperdraht vor dem Krieg und vor jeder weiteren Intensivierung einer schon im Gang befindlichen Auseinandersetzung.
Die Begrenzung des Auftrags der NATO-Streitkräfte auf Verteidigung und auf die Funktion der Abschreckung hat tiefgreifende Rückwirkungen auf die Rüstung. Nicht, daß es darum ginge, beispielsweise auf Panzer zu verzichten, weil damit auch angegriffen werden kann. Solches wäre widersinnig, denn es schlösse zum Beispiel die notwendige Fähigkeit zum örtlichen Gegenangriff aus.
Aber eine Rüstung, die der Verteidigung dient, darf nicht auf ein Übergewicht abzielen. Sie muß lediglich hinreichend sein. Denn: Nicht auf den Sieg kommt es an, sondern auf das Nichtbesiegt-werden.

Entwicklung

Die militärische Strategie des Bündnisses basierte bis 1953 auf dem amerikanischen Atomwaffen-Monopol. Die konventionelle Rüstung, die nach 1945 von den Westmächten drastisch reduziert worden war, mußte erst mühsam wieder aufgebaut werden. 1949, im Gründungsjahr der NATO, standen den zwölf Mächten des Westens nicht einmal zwanzig Divisionen zur Verfügung. In Westeuropa waren weniger als 1000 Kampfflugzeuge einsatzfähig. Viele Flugplätze waren nicht so gebaut, daß Düsenflugzeuge auf ihnen starten und landen konnten. Die

Streitkräfte, die in Deutschland standen, waren Besatzungsstreitkräfte, die mit dem Auftrag »Verteidigung« überfordert waren. Kriegsschiffe waren teils verschrottet, teils eingemottet worden. In dieser Situation vermochte nur die Atombombe Abschreckung und Sicherheit zu verbürgen.

1957 wurde das Prinzip der »massiven Vergeltung« verbindliche Grundlage der Militärstrategie der NATO. Ausgangslage war – die Sowjetunion hatte inzwischen Atom- und Wasserstoffbomben gezündet – das atomare Patt der Supermächte. Verteidigung basierte – neben den konventionellen Streitkräften – sowohl auf dem Einsatz von Atomwaffen zur Unterstützung des Kampfes der eigenen Streitkräfte (taktischer Bereich) als auch zur strategischen Entscheidung. Das »atomare Schwert« sollte dabei durch den »Schild« konventioneller Streitkräfte geschützt werden. Diese Strategie setzte nicht nur einen groben Klotz auf den vermuteten groben Keil sowjetischer Expansion. Sie war auch eine Notlösung, bedingt durch die Schwäche der konventionellen Streitkräfte des Westens.

In den späten 50er und in den 60er Jahren veränderte sich das strategische Denken. Der (relative) Gleichstand der Supermächte in der nuklearen Rüstung neutralisierte diese; der Aufbau der Bundeswehr stärkte die konventionelle Abwehrkraft der NATO. Die Strategie verfeinerte sich. An die Stelle der »massiven Vergeltung« trat die »flexible Reaktion«. Sie wurde Anfang 1968 die verbindliche militärstrategische Konzeption, und sie ist es bis heute geblieben. Sie berücksichtigt die Sicherheitsinteressen der Vereinigten Staaten, indem sie diese davon entbindet, in jedem Fall das Potential strategischer Waffen einzusetzen. Sie dient auch den Interessen der europäischen NATO-Partner, indem wirksame Verteidigung unterhalb des atomaren Inferno beginnt und damit Zerstörung mindert. Die enge Verkoppelung von konventionellen, taktisch-nuklearen und strategisch-nuklearen Kräften erlaubt es, angemessen entsprechend der Entwicklung der politischen und militärischen Lage zu reagieren. Die Abschreckung wurde glaubwürdiger und damit wirksamer.

Gleichgewicht

Die politische und militärische Strategie sind zwei Seiten derselben Medaille. Wenn der Politik ein Durchbruch gelingt, wie mit dem Abkommen über die Mittelstreckenwaffen, dann hat das unmittelbare Rückwirkungen auf die militärische Strategie. Deren Prinzip, angemessen und flexibel reagieren zu können, bleibt allerdings bestehen. Es geht um das Gleichgewicht.

Um das Gleichgewicht wird gerungen. Dabei geht es um Zahlen. Wieviel Soldaten, wieviele Panzer stehen sich in NATO und Warschauer Pakt gegenüber? Stimmen die Zahlen, die die Gesprächspartner auf den Tisch legen? Wie können sie überprüft werden? Welche Kontrollmöglichkeiten müssen geschaffen werden, um zu verhindern, daß eine Seite die andere hinters Licht führt?

Gleichgewicht ist aber nicht nur eine Sache der Zahlen. Der Warschauer Pakt ist ein geschlossenes Gebiet. Seine Führungsmacht, die Sowjetunion, ist nicht – wie die USA in der NATO – durch einen Ozean von den Bündnispartnern getrennt. Sie könnte die Kräfte an der westlichen Grenze leichter und schneller verstärken. Auch dies hat Rückwirkungen auf das Gleichgewicht.

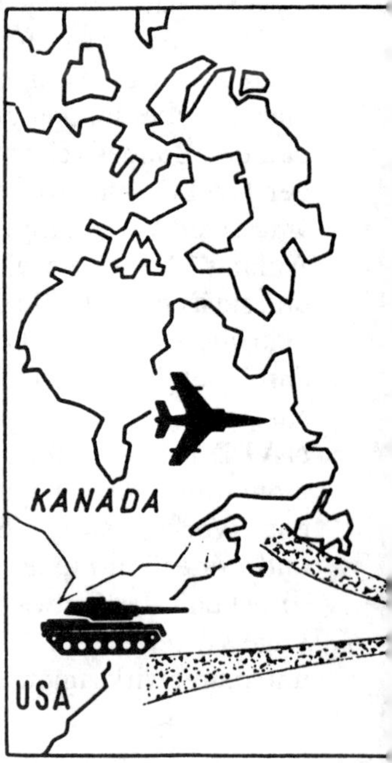

Die Graphik rechts macht das geostrategische Ungleichgewicht zum Nachteil der NATO deutlich.

Ein Gleichgewicht ist auf einer höheren und niedrigeren Ebene denkbar. Es besteht, grob gesagt, wenn 10000 Panzer 10000 Panzern gegenüberstehen. Es besteht auch, wenn beide Seiten nur 3000 Panzer haben. Bundeskanzler Dr. Kohl hat diese Zielrichtung mit der eingängigen Formel beschrieben »Frieden schaffen mit weniger Waffen«.
Ein Gleichgewicht besteht nicht – dies betrifft die Möglichkeiten und Fähigkeiten – wenn auf der einen Seite die Waffen veraltet, auf der anderen Seite modernisiert, das heißt in ihrer Wirkung gesteigert sind. Darum ist es nicht widersinnig, wenn auch im »Zeitalter der Abrüstung« von Modernisierung gesprochen wird. Widersinnig wäre dies nur, wenn damit ein Vorsprung, ein Übergewicht, erreicht werden sollte.
Über das Gleichgewicht wird verhandelt. Verhandeln heißt, auf dem Wege zu einem Ziel sein. Es ist ein richtiger Weg, über verminderte Rüstungen zu sprechen.

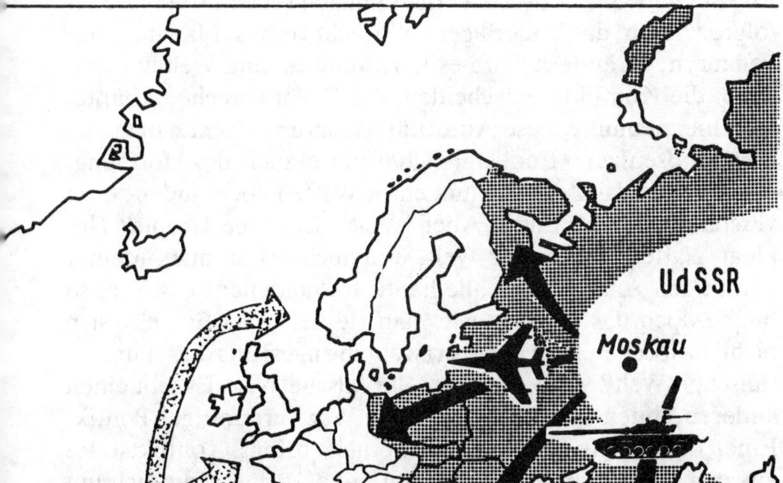

Nuklearwaffen

Endlich! So dachten die meisten, als die ersten Pershing II-Raketen aus Deutschland abgezogen und in den Vereinigten Staaten zerstört wurden, wie in der Sowjetunion die SS-20. Die Pershing-Raketen waren ebenso wie die Marschflugkörper erst wenige Jahre vorher in Europa stationiert worden.
Eine gigantische Verschwendung, werden viele denken. Hätte man sich das nicht ersparen und das Geld für andere, für nützlichere, für friedlichere Zwecke verwenden können? Aber man kann es auch so sehen: Diese Raketen und Marschflugkörper waren durchaus im »Einsatz«, und unnütz waren sie ebenfalls nicht. Wären sie niemals in Stellung gebracht worden, dann gäbe es auf der anderen Seite die SS-20 immer noch. Was hätte die Sowjetunion veranlassen können und sollen, ihre Raketen zu verschrotten?
Verhandlungen? Gespräche? Gutes Zureden? Man darf seine Zweifel haben. Politische Verhandlungen setzen, sollen sie erfolgreich sein, das Widerlager der Macht voraus. Man mag dies bedauern; zu ändern wäre es nur, wenn es eine Weltautorität gäbe, die Konflikte entscheiden und Recht sprechen könnte. Und hierzu müßte diese Autorität wiederum Macht haben.
Der Stoßseufzer »Endlich« signalisierte auch die Hoffnung, man könnte das Zeitalter nuklearer Waffen überwinden. Eine verständliche Hoffnung. Aber ist sie nicht eine Utopie? Nuklear-Waffen sind in der Welt, und auch, wenn man in einer gewaltigen Anstrengung alle heute vorhandenen zerstörte, so bliebe doch das Wissen, wie man sie herstellt. Es ließe sich nicht auslöschen. Soll man verzweifeln angesichts dieser unmoralischen Welt? Nein, das wäre der falsche Weg. Es gibt einen anderen, einen besseren. Es ist der Weg vernünftiger Politik. Einer Politik, die Konflikte zur Sprache bringt, Konfliktstoffe aus dem Weg räumt, Spannungen mindert, kurz: die sich um die Beseitigung oder doch Minderung der Ursachen der Spannungen zwischen Ost und West, zwischen Nord und Süd müht.
Denn Waffen sind nur Zeichen, daß es Konflikte gibt. Sie sind nicht deren Ursache. Politik ist ein Bohren durch dicke Bretter,

ein mühsames Geschäft. Nur nach harten Verhandlungen gelingt ein »qualitativer Sprung« wie die Zerstörung der Mittelstreckenraketen. Ansonsten geht es langsam voran, und nur im Zeitraffer sind später Fortschritte erkennbar.
Der Weg des politischen Mühens ist des Schweißes wert, der auf ihm vergossen wird. Politik in diesem Sinne hat einen moralischen Wurzelgrund und ist radikal. Denn schließlich ist »radix« ein lateinisches Wort, das Wurzel bedeutet.
Streitkräfte und ihre Rüstung werden nach der Bündnisstrategie ausgerichtet. Das heißt zum Beispiel, daß die Streitkräfte der Bundesrepublik Deutschland nicht alle Waffen haben müssen, die es gibt; nicht einmal alle, die zur Verteidigung notwendig sind. Weil das Bündnis mehr ist als eine zeitweilige Zusammenfügung nationaler Kräfte, ist eine Arbeitsteilung möglich. Die Bundesrepublik Deutschland hat 1954 freiwillig auf Produktion und Verfügungsgewalt von ABC-Waffen verzichtet. Sie hat damit ein Signal gesetzt; sie hat eine »Antwort« gegeben auf eine »Herausforderung« in einer bestimmten historischen Situation. Es war die Bekundung gegenüber früheren Feinden, daß dieser deutsche Staat ihre Sicherheit nicht gefährden wolle und könne. Der politische Hintergrund mag heute ein anderer sein als zu der Zeit, als diese »Antwort« gegeben wurde. Das Signal bleibt. Es gilt allen Nachbarn: Von der Bundesrepublik Deutschland wird kein Krieg ausgehen, denn sie hat nicht nur den Angriffskrieg in ihrer Verfassung geächtet, sondern auch von sich aus auf entscheidende Mittel für eine selbständige Kriegsführung verzichtet. Die Bundesrepublik Deutschland konnte den Verzicht aussprechen, weil andere in einem arbeitsteiligen Bündnis das Notwendige bereithalten.

Mitsprache

In der NATO gibt es drei Nuklear-Mächte: Die Vereinigten Staaten, Großbritannien und Frankreich. Alle anderen sind Nicht-Nuklearmächte. Auf den Territorien einiger Staaten – so in dem der Bundesrepublik Deutschland – sind amerikanische Nuklear-Waffen stationiert. Dies hat die Frage aufgeworfen,

wie diese Staaten an der Verteidigungsplanung mit nuklearen Mitteln beteiligt werden können. So wenig die Verfügungsgewalt der Atommächte über ihre Waffen zu bestreiten ist, so legitim sind die Mitspracheinteressen der Länder, in denen diese Waffen stationiert sind. Dies hatte die Schaffung des Ausschusses für Nukleare Verteidungsfragen (NDAC) und der Nuklearen Planungsgruppe (NPG) im Jahre 1967 zur Folge gehabt.
Der Ausschuß hat die Aufgabe, dem Rat oder dem Verteidigungs-Planungsausschuß nach Bedarf grundsätzliche Vorschläge für die Nuklearpolitik des Bündnisses zu machen.
Die Nukleare Planungsgruppe tagt regelmäßig zweimal im Jahr auf der Ebene der Verteidigungsminister. Auf ihren Tagungen nehmen die Verteidigungsminister die Berichte des amerikanischen Verteidigungsministers über das globale nukleare Kräfteverhältnis entgegen und erörtern spezifische Aspekte derzeitiger oder künftiger Entwicklungen.
Das Ziel ist, die Beteiligung aller Mitgliedsländer – einschließlich derjenigen, die nicht über Kernwaffen verfügen – an den Fragen der nuklearen Verteidigung des Bündnisses zu verstärken. Die Ministerien in den Hauptstädten des Bündnisses und die nationalen Delegationen in Brüssel dienen dieser Aufgabe.
Eines der ersten politischen Arbeitsergebnisse der NPG bestand in der gemeinsam mit dem Militärausschuß vorgenommenen Ausarbeitung von Empfehlungen für die Verbesserung der nationalen Beteiligung an der operativen nuklearen Planung auf der Ebene des Militärauschusses, der obersten NATO-Kommandobehörden und der nachgeordneten alliierten Befehlsbereiche. Ende der 60er Jahre kam die NPG übereinstimmend zu der Auffassung, daß die Stationierung von Abwehrsystemen gegen ballistische Flugkörper im europäischen NATO-Gebiet zur Zeit nicht erforderlich sei.
Während dieser Anfangsphase (1967-1970) verabschiedete die NPG vier Grundlagendokumente für die Nuklearpolitik, die vom Verteidigungs-Planungsausschuß gebilligt wurden und als Richtschnur für nationale Maßnahmen und als Weisung für die NATO-Militärbehörden dienten. Diese Dokumente befassen sich mit dem defensiven taktischen Ersteinsatz von Kernwaf-

fen, mit allgemeinen Grundsätzen für ein Konsultationsverfahren für den Fall des tatsächlichen Einsatzes von Kernwaffen, mit der Entwicklung einer Konzeption für den Auftrag an die nuklearen Einsatzkräfte, die sich in Europa befinden, und schließlich mit besonderen politischen Richtlinien für den möglichen Einsatz atomarer Sperrmunition.

In allen diesen Richtlinien wird die **politische Aufgabe** der Kernwaffen im Rahmen der strategischen Konzeption des Bündnisses betont: Sie dienen der Kriegsverhinderung. Diese politische Rolle soll jeden potentionellen Aggressor, der die Entschlossenheit des Bündnisses, die Integrität seines Territoriums und seiner Streitkräfte zu verteidigen, falsch einschätzt, davon überzeugen, daß die NATO zur Verteidigung bereit ist, das heißt zunächst, ihn von einem Angriff abzuhalten oder »abzuschrecken«. Über die Mittel, die eingesetzt würden, soll der Angreifer im Unklaren bleiben. Gerade die Ungewißheit schreckt ab.

Jeder Einsatz von Streitkräften, einschließlich nuklearer Streitkräfte, würde im Fall eines Konfliktes das ausschließliche Ziel verfolgen, auf einer möglichst niedrigen Ebene der Gewaltanwendung die Integrität des Gebietes und der Bevölkerung der Staaten des Bündnisses zu gewährleisten und die Kampfhandlungen so rasch wie möglich zu beenden.

Die Strategie der NATO versucht daher, die Frage zu beantworten, wie einem möglichen Aggressor mit Hilfe konventioneller und notfalls nuklearer Streitkräfte in einem breiten Bereich möglicher Situationen der Sieg verwehrt werden kann, so daß er in Kenntnis dieser Fähigkeit von vornherein von einem Angriff Abstand nimmt.

Die Konzeption der NATO geht, wie schon betont, dahin, daß Kernwaffen jederzeit ihren politischen Zweck erfüllen, von einer Aggression abzuschrecken und damit **jeden** Krieg zu verhindern. Der tatsächliche Einsatz von Kernwaffen zur Verteidigung des Bündnisses würde eine grundlegende qualitative Veränderung der konventionellen Kampfführung darstellen. Es ist daher ein Grundprinzip des Bündnisses, daß die politische Kontrolle über den Einsatz von Kernwaffen jederzeit aufrechterhalten bleiben muß.

Die NATO würde ihre Kernwaffen erst dann einsetzen, wenn ein Angriff auf NATO-Territorien mit konventionellen Kräften nicht gestoppt werden kann, und auch dann erst nach ausführlichen und detaillierten Konsultationen innerhalb des Bündnisses. Diese Konsultationen würden eine rasche Stellungnahme der Mitgliederregierungen zu dem Antrag oder Vorschlag auf Einsatz von Kernwaffen zur Verteidigung des Bündnisses ermöglichen und bei den gefaßten Beschlüssen ein Indiz für die Solidarität des Bündnisses darstellen. Die letzte Entscheidung über die Freigabe von Kernwaffen für den tatsächlichen Einsatz liegt bei denjenigen Bündnispartnern, denen die Kernwaffen gehören.
Die Bürger der Nicht-Nuklearstaaten sollten wissen, daß keine Entscheidung über den Kopf der von ihnen gewählten Regierungen statthaft ist. Es gibt sie also durchaus, die Mitsprache der nuklearen »Habenichtse«.

Schritte

Vom Bohren durch dicke Bretter

Der Meilenstein
Der Vertrag
Die Lage
Wege nach vorn

Das Mittelstreckenwaffenabkommen hat Signalwirkung für die Kontrolle und Reduzierung konventioneller Rüstung und Streitkräfte.

Der Meilenstein

Der Fortschritt sei eine Schnecke, formulierte Günter Grass einmal. Er wollte damit dem Alles- oder Nichts-Denken wehren, der Ungeduld, die eher schadet als nützt.
Nur bisweilen gelingt ein Durchbruch, der den Fortschritt allen deutlich macht. So beim Abkommen über den Abbau und die Vernichtung der Mittelstreckenflugkörper.
Der Weg zu diesem Vertrag verlief nicht gradlinig. Er begann mit einer Aufrüstung. 1976 stationierte die Sowjetunion die ersten SS-20 Raketen. Sie hatten eine Reichweite von mehr als 5000 Kilometern und trugen drei Gefechtsköpfe. Ganz Europa lag im Zielbereich dieser neuen Waffen. Die Gefahr bestand, daß die amerikanischen und europäischen Partner der atlantischen Allianz künftig ein unterschiedliches Risiko zu tragen hätten. Während Amerika die atomare Bedrohung durch sowjetische Interkontinentalraketen mit eigenen Waffensystemen auszugleichen vermochte, hatte der Westen in Europa den SS-20 nichts Gleichwertiges entgegenzusetzen. Der alte Kontinent war in hohem Maße verwundbar geworden; von Westeuropa aus konnte die Sowjetunion mit vergleichbaren Waffen nicht getroffen werden. Das den Frieden stabilisierende Gleichgewicht war gefährdet. Die Frage lag nahe, ob die Vereinigten Staaten zum Schutze Europas Interkontinentalwaffen einsetzen und damit bei einem scheinbar auf Europa begrenzten Konflikt ihr eigenes Überleben riskieren würden.
In dieser Lage forderte Bundeskanzler Helmut Schmidt schon 1977, das europäische Sicherheitsbedürfnis bei den Verhandlungen, die die Supermächte über eine Begrenzung ihrer strategischen Waffen führten, mitzubedenken. Wenn es nicht gelinge, in Europa bestehende Ungleichgewichte abzubauen, müsse das Atlantische Bündnis bereit sein, »für die gültige Strategie ausreichende und richtige Mittel bereitzustellen«. Eine hochrangige Expertengruppe der NATO schlug 1978 zur Lösung des Problems eine »Modernisierung« der in Europa stationierten Mittelstreckenwaffen vor. Gemeint waren Systeme mit größeren Reichweiten. Die Gruppe konkretisierte ein Jahr später ihren Vorschlag: Sowohl Raketen mit größerer

Präsident Ronald Reagan und Parteichef Michail Gorbatschow ratifizieren in Moskau den ersten echten Abrüstungsvertrag (oben). Der amerikanische Verteidigungsminister Carlucci besichtigt mit seinem sowjetischen Kollegen Jasow (l.) moderne sowjetische Waffensysteme in der Nähe von Moskau (unten).

Reichweite als auch Marschflugkörper sollten stationiert werden.
Im Dezember 1979 kam es auf einer Sitzung der Außen- und Verteidigungsminister der NATO zu einer Übereinkunft, die als »Doppelbeschluß« in die Geschichte eingegangen ist. Einerseits wurde eine Nachrüstung zum Ausgleich der sowjetischen Rüstung vereinbart. Diese sollte jedoch erst mit einer vierjährigen Verzögerung beginnen. Die Zeit sollte zu Verhandlungen genutzt werden, deren Ziel der beiderseitige Verzicht auf Mittelstreckenwaffen größerer Reichweite war. Die Sowjetunion wurde mit dem »Doppelbeschluß« vor die Wahl gestellt, ab 1983 eine Gegenrüstung durch eine begrenzte Anzahl von Pershing-II-Raketen und Marschflugkörpern in Westeuropa hinzunehmen oder gemeinsam mit den USA weltweit auf Mittelstreckenwaffen größerer Reichweite zu verzichten. Für den Fall, daß dies nicht gelinge, wurde eine Zwischenlösung, ein Einfrieren der beiderseitigen Rüstung auf einem niedrigeren Niveau angeboten. Zu diesem Zeitpunkt hatte die Sowjetunion 140 SS-20 mit mehr als 400 Gefechtsköpfen auf Ziele in Europa gerichtet.
Moskau lehnte die Angebote ab. Verhandlungen kamen nicht recht in Gang. Im Oktober 1983 stellte das westliche Bündnis förmlich fest, daß seitens der NATO alle Kompromißmöglichkeiten ausgelotet worden seien. Moskau habe jedoch auf seinen Maximalzielen beharrt. Gemäß dem Doppelbeschluß bleibe um der Sicherheit Europas willen kein anderer Weg, als mit der Stationierung von Pershing-II-Raketen und Marschflugkörpern zu beginnen. Im November 1983 brach Moskau die Verhandlungen ab. Zu diesem Zeitpunkt hatte die Sowjetunion 360 SS-20-Raketen mit über 1000 nuklearen Sprengköpfen in Stellung gebracht.
Die seit Oktober 1982 im Amt befindliche Bundesregierung unter Bundeskanzler Kohl beschloß die Durchführung des NATO-Doppelbeschlusses, also die Nachrüstung. Sie wurde Thema des Wahlkampfes 1983, weckte heftige Widersprüche. Der Ausgang der Wahlen zu ihren Gunsten bestärkte die Bundesregierung in ihrer Entscheidung. Als die Stationierung begann, löste sie erneut Proteste aus. Nicht wenige forderten

auch in der Bundesrepublik Deutschland erneut den Verzicht auf Nachrüstung. Sie argumentierten, daß diese Rüstung den Frieden in hohem Grad gefährde. Andere waren der Meinung, daß der Frost, der mit dem Abbrechen der Gespräche über die Mittelstreckenwaffen eingefallen war, nicht ewig anhalten werde. Die Zeit zwischen 1979 und 1983 habe gerade deshalb nicht zu ernsten Gesprächen geführt, weil der Westen lediglich den Verzicht auf Absichten, nicht aber ein konkretes Faustpfand in die Gespräche eingebracht habe. Sie behielten recht.

1985 erklärte sich die Sowjetunion bereit, die Verhandlungen wieder aufzunehmen. Ihr weiterer Weg führte zwar auf manche Klippen zu, diese konnten jedoch letztendlich umgangen werden. Am 8. Dezember 1987 unterzeichneten der amerikanische Präsident Reagan und der sowjetische Generalsekretär Gorbatschow auf einem Gipfel in Washington den Vertrag über den Abbau aller landgestützten Mittelstreckenwaffen größerer und kürzerer Reichweite. Die Ratifikationsurkunden tauschten sie am 1. Juni 1988 auf einem weiteren Gipfel in Moskau aus. Der Vertrag trat in Kraft.

Man hat den Vertrag über den Abbau der Mittelstreckenwaffen einen Meilenstein in der Geschichte der Ost-Westbeziehungen genannt. Mit guten Gründen. Erstmals wurde zwischen Ost und West Übereinstimmung darüber erzielt, eine ganze Kategorie von Waffen zu beseitigen, mithin einen ersten Schritt zu nuklearer Abrüstung zu tun. Zweitens fand sich die Sowjetunion erstmals bereit, Waffen nicht nur in gleichem Maße zu reduzieren, sondern ein auf ihrer Seite bestehendes einseitiges Übergewicht abzubauen. Schließlich waren beide Seiten bereit, eine umfassende Überprüfung der jeweils anderen Seite zuzugestehen einschließlich der Möglichkeit, »Verdachtskontrollen« vor Ort durchzuführen.

Ein Meilenstein markiert eine bestimmte Wegstrecke; und das heißt, daß noch weitere Strecken bis zum Ziel zu gehen bleiben. Die nächsten Meilensteine sind benannt; ein drastischer Abbau der amerikanischen und sowjetischen strategischen Nuklearwaffen um 50 Prozent, ein weltweites Verbot chemischer Waffen, die man seit dem Ersten Weltkrieg überwunden

glaubte, die aber im Golfkrieg zwischen dem Iran und Irak wieder eingesetzt wurden; eine Begrenzung und Reduzierung der konventionellen Rüstung mit dem Ziel der Herstellung von Stabilität und Gleichgewicht in Europa; im Zusammenhang mit den vorgenannten Zielen baldige Verhandlungen über die Verminderung amerikanischer und sowjetischer nuklearer Kurzstreckenwaffen mit dem Ziel gleicher Obergrenzen.
Die Öffentlichkeit drängt vorzugsweise auf das Verbot chemischer und auf die Reduzierung der Atomwaffen. Sie hat die gewaltige Zerstörungskraft der nuklearen Waffen vor Augen und kann in ihnen kaum ein Mittel zur Verteidigung sehen, weil im Falle des Einsatzes zerstört würde, was eigentlich durch Verteidigung geschützt werden soll.

Die »Fachleute« im Westen, seien sie Politiker oder Soldaten, richten ihr Augenmerk aber in besonderer Weise auch auf die Kontrolle und Verminderung konventioneller Rüstung. Hier nämlich liegt das Kernproblem militärischer Stabilität in Europa, jedenfalls so lange, wie eine Seite, das heißt der Warschauer Pakt, über konventionelle Überlegenheit und damit Angriffsfähigkeit verfügt. Die nuklearen Systeme, so ist die Überzeugung vieler Fachleute, neutralisieren sich weitgehend gegenseitig; und so lange dies der Fall ist, geht von ihnen die geringere Gefahr für den Frieden aus. Abschreckung, so sagen sie, ist keine Strategie, um Kriege zu führen; sie will Krieg verhindern. Diese seit langem gültige, gleichwohl noch nicht das öffentliche Bewußtsein prägende Strategie könnte ins Wanken geraten, wenn konventionelle Streitkräfte mit der drastischen Reduzierung oder dem Wegfall der atomaren Rüstung ein neues Gewicht bekämen, wenn sie ihre »Bindung« und »Zähmung« durch die Atomwaffen verlören. Wäre, so wird gesagt, dann nicht die Versuchung und Gefahr groß, Konflikte doch mit militärischen Mitteln lösen zu wollen? Wäre die Gefahr nicht um so größer, wenn eine Seite – und das sind derzeit trotz Gorbatschows bedeutenden einseitigen Reduzierungsentscheidungen noch immer die Sowjetunion und der Warschauer Pakt – ein starkes Übergewicht hätte?

Bei den Verhandlungen über eine Reduzierung der konventionellen Kräfte in Europa wird deshalb um ein niedrigeres Niveau der Rüstungen und Streitkräfte gerungen, ein Niveau, das so bemessen sein muß, daß es keiner Seite Vorteile einräumt. Man hat das Auflisten der Erkenntnisse über die Zahlen von Panzern und Geschützen und Soldaten der jeweils anderen Seite früher verächtlich »Erbsenzählen« genannt.
Und doch ist es nicht kleinkariert: Die Sicherheit steht auf dem Spiel.
Das Mittelstreckenwaffen-Abkommen ist auch für die Kontrolle und Reduzierung konventioneller Rüstung und Streitkräfte insofern von großer Bedeutung, als mit ihm erstmals das Prinzip nicht gleicher, sondern asymmetrischer Abrüstung – dort, wo ein einseitiges Übergewicht besteht – Eingang in ein Vertragswerk gefunden hat: *»Wer mehr hat, muß mehr abrüsten.«*

Der Vertrag

Der »Vertrag zwischen den Vereinigten Staaten von Amerika und der Union der Sozialistischen Sowjetrepubliken über die Beseitigung ihrer Flugkörper mittlerer und kürzerer Reichweite« hat, wie schon betont, grundsätzliche Bedeutung. Die wichtigsten Bestimmungen seien daher im folgenden dokumentiert:
Die Vereinigten Staaten von Amerika und die Union der Sozialistischen Sowjetrepubliken ... in dem Bewußtsein, daß ein Atomkrieg verheerende Folgen für die ganze Menschheit haben würde, geleitet von dem Ziel, die strategische Stabilität zu festigen, überzeugt, daß die in diesem Vertrag vorgesehenen Maßnahmen zur Verringerung der Gefahr des Ausbruchs eines Krieges beitragen und den Weltfrieden und die internationale Sicherheit festigen werden, eingedenk ihrer Verpflichtungen nach Artikel VI des Vertrages über die Nichtverbreitung von Kernwaffen – sind wie folgt übereingekommen:
Artikel I: Im Einklang mit diesem Vertrag, der die Vereinbarung und die Protokolle umfaßt, die Bestandteil des Vertrages sind,

Das Gehäuse eines Pershing II-Motors wird vor den Augen eines sowjetischen Inspektorenteams in Texas verschrottet.

wird jede Vertragspartei ihre Flugkörper mittlerer und kürzerer Reichweite beseitigen, solche Systeme danach nicht besitzen und die anderen in diesem Vertrag niedergelegten Verpflichtungen erfüllen.
Artikel II definiert die Begriffe »ballistische Flugkörper«, »Marsch-Flugkörper« und »Abschußvorrichtung«.

Er legt insbesondere fest:
Der Ausdruck »Flugkörper mittlerer Reichweite« bezeichnet einen GLBM (bodengestützter ballistischer Flugkörper) oder einen GLCM (bodengestützter Marschflugkörper), der eine Reichweite von mehr als 1000 Kilometer, jedoch nicht mehr als 5500 Kilometer hat.
Der Ausdruck »Flugkörper kürzerer Reichweite« bezeichnet einen GLBM *oder einen GLCM, der eine Reichweite von 500 der mehr Kilometer, jedoch nicht mehr als 1000 Kilometer hat.*
Artikel III: bezeichnet die Flugkörper-Typen, also auf amerikanischer Seite die Pershing II, Pershing I a und die sogenannten Cruise Missiles vom Typ 109 G, sowie auf sowjetischer Seite die SS-20, SS-4 bzw. SS-5 sowie SS-12 bzw. SS-23.
Artikel IV: (1) Jede Vertragspartei beseitigt alle ihre Flugkörper mittlerer Reichweite und alle ihre Abschußvorrichtungen für solche Flugkörper sowie alle mit solchen Flugkörpern und Abschußvorrichtungen zusammenhängenden Unterstützungsbauwerke und Unterstützungsausrüstungen der in der Vereinbarung aufgeführten Kategorien, so daß spätestens drei Jahre nach Inkrafttreten dieses Vertrages und danach keine der beiden Vertragsparteien solche Flugkörper, Abschußvorrichtungen, Unterstützungsbauwerke oder Unterstützungsausrüstungen besitzt.
Artikel V: (1) Jede Vertragspartei beseitigt alle ihre Flugkörper kürzerer Reichweite und alle ihre Abschußvorrichtungen für solche Flugkörper sowie alle mit solchen Flugkörpern und Abschußvorrichtungen zusammenhängenden Unterstützungsausrüstungen der in der Vereinbarung aufgeführten Kategorien, so daß spätestens 18 Monate nach Inkrafttreten dieses Vertrages und danach keine der beiden Vertragsparteien solche Flugkörper, Abschußvorrichtungen oder Unterstützungsausrüstungen besitzt.

Artikel VI: (1) Vom Inkrafttreten dieses Vertrages an wird keine der beiden Vertragsparteien
a) Flugkörper mittlerer Reichweite herstellen oder im Flug erproben oder Stufen solcher Flugkörper oder Abschußvorrichtungen für solche Flugkörper herstellen oder
b) Flugkörper kürzerer Reichweite herstellen, im Flug erproben oder starten oder Stufen solcher Flugkörper oder Abschußvorrichtungen für solche Flugkörper herstellen ...
Artikel XI: (1) Damit die Nachprüfung der Einhaltung dieses Vertrags gewährleistet werden kann, hat jede Vertragspartei das Recht, Inspektionen an Ort und Stelle durchzuführen. Die Vertragsparteien führen Inspektionen an Ort und Stelle im Einklang mit diesem Artikel, dem Inspektionsprotokoll und dem Beseitigungsprotokoll durch.
(2) Jede Vertragspartei hat das Recht, die in diesem Artikel vorgesehenen Inspektionen sowohl im Hoheitsgebiet der anderen Vertragspartei als auch im Hoheitsgebiet von Stationierungsländern durchzuführen.
Artikel XIII: (1) Um die Ziele dieses Vertrags und die Durchführung seiner Bestimmungen zu fördern, setzen die Vertragparteien hiermit die Sondernachprüfungskommission ein. Die Vertragsparteien vereinbaren, daß sie, wenn eine der beiden Vertragsparteien darum ersucht, im Rahmen der Sondernachprüfungskommission zusammenkommen, um
a) Fragen in bezug auf die Einhaltung der übernommenen Verpflichtungen zu lösen und
b) die zur Verbesserung der Lebensfähigkeit und Wirksamkeit dieses Vertrages erforderlichen Maßnahmen zu vereinbaren ...

Die Lage

Verhandlungen über eine Kontrolle und Reduzierung der Rüstung müssen naturgemäß von der »Lage« ausgehen. Die Bundesregierung gibt in ihrem Bericht von 1987 zur Rüstungskontrolle und Abrüstung folgendes Bild über das militärische Kräfteverhältnis zwischen NATO und Warschauer Pakt:

»Die Entwicklung des Kräfteverhältnisses zwischen NATO und WARSCHAUER PAKT war 1987 weniger durch einen quantitativen Zuwachs als durch qualitative Verbesserungen mittels Modernisierung und Einführung von Gerät gekennzeichnet. Dadurch haben sich die absoluten Bestandszahlen bei den die Invasionsfähigkeit begründenden Hauptwaffensystemen kaum, der Anteil an modernem, technisch fortschrittlichem Gerät jedoch merklich verändert. Der Sowjetunion ist es gelungen, den technologischen Rückstand zum Westen weiter abzubauen.
Das für die NATO insgesamt ungünstige Kräfteverhältnis hat sich verfestigt.
Die nuklear-strategischen Potentiale von USA und Sowjetunion weisen die seit Jahren gleichen Asymmetrien auf.
In der Gesamtschau heben sich die Auswirkungen dieser asymmetrischen Strukturen nahezu auf, so daß die seit Jahren bestehende annähernde Parität weiterhin gegeben ist. Das nuklear-strategische Kräfteverhältnis wird weniger durch eine quantitative Veränderung als durch qualitative Verbesserungen hinsichtlich Mobilität und Treffgenauigkeit bestimmt.
Bei den nuklearen Mittelstreckenraketen (INF) hat der Warschauer Pakt auch 1987 eine eindeutige, z. T. mehrfache Überlegenheit bewahrt. Sowohl insgesamt als auch in jeder Einzelkategorie hat er einen erheblichen quantitativen Vorteil.
Bei den landgestützten Mittelstreckenflugkörpern in der Reichweite von 500–5500 km müssen die Potentiale der Sowjetunion und der USA im Einklang mit dem INF-Vertrag eliminiert werden.
Bei den Mittelstreckenflugkörpern mit einer Reichweite von 150 bis 500 km hält der Warschauer Pakt mehr als 580 Flugkörpersysteme (SCUD) gegenüber Europa einsatzbereit, denen die NATO nichts entgegenzusetzen hat.
Auch bei den nuklearfähigen Flugzeugen bleibt das Kräfteverhältnis unverändert negativ. Mit der laufenden Zuführung seines am weitesten entwickelten Jagdbombers verbessert er sein Potential auch qualitativ.
Im Bereich der nuklearen Kurzstreckenwaffen (SNF) entwickelt sich das Kräfteverhältnis vor allem durch laufende Zuführung nuklearfähiger Rohrartillerie und Umrüstung von der Kurz-

streckenrakete FROG auf SS-21 seit 1983 weiter zu Ungunsten der NATO. Mit der SS-21 verfügt der Warschauer Pakt über ein Waffensystem, das – neben seiner nuklearen Rolle – aufgrund verbesserter Treffgenauigkeit und hoher Mobilität die realistische Option auch eines konventionellen Einsatzes bietet.

Konventionelle Streitkräfte: In den zurückliegenden Jahren hat der Warschauer Pakt seine konventionellen Streitkräfte nahezu in allen Bereichen zahlenmäßig ausgebaut und qualitativ fortentwickelt. Dabei lag das Schwergewicht auf dem Ersatz älteren Materials durch moderne Waffensysteme mit deutlich verbesserter Leistung.

Bei den Landstreitkräften des Warschauer Pakts wurden Beweglichkeit und Feuerkraft durch Zuführung moderner Kampfpanzer, Schützenpanzer und Artilleriegeschütze auf Selbstfahrlafette verbessert.

Dasselbe trifft auch für Panzerabwehr- und Flugabwehrsysteme zu. Panzerabwehrlenkraketen, die mit der Panzerkanone verschossen werden können, und treffgenaue Flugabwehrraketen zum Einsatz auf kurze und weite Entfernungen kennzeichnen diese Entwicklung.

Diese leistungsfähigen, westlichem Gerät ebenbürtigen Waffensysteme sind den Verbänden zugeführt worden, die überwiegend gegen Mittel- und Westeuropa eingesetzt werden können.

Die Luftstreitkräfte des WP haben bei Erhalt ihrer offensiven Fähigkeiten durch Zuführung von neuen Jagdflugzeugen in die sowjetische Truppenluftabwehr und Landesluftverteidigung mit der Allwetterfähigkeit und der Befähigung, Feindflugzeuge aus allen Positionen – auch von oben – angreifen zu können, den qualitativen Vorsprung des Westens weiter verringert.

Auch bei den Marinestreitkräften haben sich die zahlenmäßigen Umfänge nicht wesentlich verschoben.

Durch qualitative Verbesserungen in den Bereichen Sensoren, Waffen und Standkraft bei den Überwasserstreitkräften sowie Tieftauchfähigkeit, Reduzierung der Geräusche bei U-Booten und Vielseitigkeit der Bewaffnung ist den Sowjets mit einigen Einsatzplattformen der Anschluß an die NATO gelungen.

Die NATO hat ihre konventionelle Verteidigungsfähigkeit weiter verbessert. Dabei wurden bei den Landstreitkräften vorrangig

die Feuerkraft und Beweglichkeit durch weiteren Zulauf von modernen Kampfpanzern, Schützenpanzern und mit fortschrittlichen Feuerleitsystemen ausgestatteten Artilleriegeschützen ausgebaut.
Ihre Luftstreitkräfte haben die langfristigen Programme zur Verbesserung der Einsatzfähigkeit fortgesetzt. Mit der Indienststellung weiterer Flugabwehrraketensysteme konnte die Luftabwehr nachhaltig verbessert werden.
Bei den Marinestreitkräften konnte die NATO durch Hinzutreten von großen Überwassereinheiten – Flugzeugträgern, Schlachtschiffen, Kreuzern – ihren quantitativen und – durch Verbesserungen vor allem im Bereich der Anti-Schiff-, Anti-Land-Angriffswaffen und Flugabwehrwaffensysteme sowie Sensoren und Führungsmittel – generell auch ihren qualitativen Vorsprung behaupten.«

Die Lage wird sich verändern, wenn Gorbatschows Entscheidungen Realität geworden sind. Wie sie sich dann darstellen wird, bleibt unklar. Präzisierungen sind notwendig, sie werden Gegenstand der Verhandlungen sein. Der Bundesminister der Verteidigung, Professor Dr. Scholz, hat im Dezember 1988 einige Fragen gestellt, die es zu klären gilt:
»Wo werden – über die angesprochenen sechs Divisionen mit, nach unseren Berechnungen, rund 2000 Panzern – die übrigen Panzer, sowie die Artillerie und die Kampfflugzeuge reduziert? Meint Gorbatschow, wenn er von Panzern spricht, tatsächlich schwere Kampfpanzer oder versteht er darunter gepanzerte Gefechtsfahrzeuge im allgemeineren Sinne? Was enthält die Zahl von 8500 Artilleriesystemen? Sind das Geschütze oder auch Flugkörpersysteme, Panzerabwehrkanonen und Flugabwehrsysteme? Was wird mit dem Großgerät geschehen? Wird es vernichtet, eingelagert oder abhängig von seiner Modernität und seiner Herkunft im Rahmen von Umstrukturierung wieder im Austausch genutzt? Wo und wie soll sich der Personalabbau vollziehen? Wie wird die Sowjetunion die Nachprüfbarkeit ihrer Maßnahmen gewährleisten?«
Der Minister fügte in einer ersten Bewertung der Ankündigungen hinzu:

»Unabhängig davon dürfen wir uns ohnehin von den absoluten Zahlen nicht blenden lassen, was zählt, sind vor allem die verbleibenden militärischen Fähigkeiten und die Optionen des militärischen Handelns. Die nüchterne militärisch-operative Bewertung ergibt nämlich, daß die sowjetischen Reduzierungsmaßnahmen angesichts des bestehenden riesigen Militärpotentials an dem militärischen Übergewicht des Warschauer Paktes über die NATO und den operativ-strategischen Möglichkeiten grundsätzlich leider noch nichts ändern werden.«

Wege nach vorn

Die militärischen Kräfte der Sowjetunion in Europa überschreiten die Verteidigungserfordernisse. Das Ungleichgewicht der konventionellen Kräfte macht Sorge, nicht nur der Zahl wegen, sondern auch wegen der Fähigkeit, überraschend anzugreifen und Raum zu gewinnen. Ein Vorteil für den Warschauer Pakt ist es auch, daß seine Mitgliedstaaten unmittelbare Nachbarn sind, während die NATO-Staaten beiderseits des Atlantik liegen. Das hat zur Folge, daß der Warschauer Pakt Reserven auf kurzen Wegen heranführen kann, während Verstärkungen der NATO den Atlantik überqueren müssen. Zu beachten ist ferner, daß militärische Planungen und Aktivitäten des Warschauer Pakts immer noch von einem »Schleier des Geheimnisses« umgeben sind, während man im Westen solche Angaben aus Haushaltsplänen ablesen kann.

Verhandlungen über eine Kontrolle der konventionellen Rüstung mit dem Ziel, die Sicherheit der Staaten zu stabilisieren, sind notwendig, aber schwierig; ungleich schwieriger als die amerikanisch-sowjetischen Verhandlungen über die Flugkörper mittlerer Reichweite. Ging es bei ihnen um *ein* Waffensystem, so geht es bei der konventionellen Rüstungskontrolle um ein ganzes Bündel von Problemen.

Die dritte KSZE-Folgekonferenz ist in Wien im Januar 1989 erfolgreich zu Ende gegangen. Erstens wurden wichtige Vereinbarungen über die Geltung von Menschenrechten getroffen. Zweitens beschlossen die Vertragsstaaten weitere Ver-

Die Konferenz über Vertrauensbildung und Abrüstung in Europa (KVAE) hat in einem ersten Schritt unter anderem die gegenseitige Manöverbeobachtung vereinbart. Unser Bild zeigt Manöverbeobachter, auch aus Staaten des Warschauer Pakts, während eines Manövers in einem Informationszentrum der NATO-Streitkräfte.

handlungen über vertrauensbildende Maßnahmen. Drittens wurde in den Parallelverhandlungen der 23 Mitgliedstaaten der NATO und des Warschauer Pakts ein Mandat für Verhandlungen über eine konventionelle Rüstungskontrolle in ganz Europa vereinbart.

Menschenrechte, deren unbehinderte Geltung eine wesentliche Voraussetzung für einen echten Frieden ist, sind auch in den sozialistischen Staaten nunmehr vermehrt einklagbar. Den Staatsbürgern wird zum Beispiel das Recht der Freizügigkeit (jedermann soll sein Land verlassen können und in dasselbe zurückkehren dürfen) zugestanden, ebenso Glaubensfreiheit und der Anspruch auf rechtliches Gehör (Regierungs- und Verwaltungsakte sollen auf Antrag gerichtlich überprüft werden können). Erich Honecker sprach zwar davon, daß die Berliner

Mauer noch 50 oder 100 Jahre stehen werde. Dies kann er wohl kaum glauben, wenn er die Ergebnisse der KSZE-Folgekonferenz nicht grob mißachten will.

Die Verhandlungen über weitere vertrauensbildende Maßnahmen sollen zu größerer Transparenz der militärischen Dispositionen auf beiden Seiten führen und damit die Gefahr eines Überraschungsangriffs ebenso mindern wie den »Krieg aus Versehen«.

Die 23 Mitgliedsstaaten der NATO und des Warschauer Pakts, die parallel zu den KSZE-Verhandlungen Probleme der Abrüstung im konventionellen Bereich sondierten, sind übereingekommen, *V*erhandlungen über *K*onventionelle *S*treitkräfte in *E*uropa (VKSE) zu führen; sie wurden am 6. März 1989 feierlich eröffnet. Das Ziel ist die »Festigung der Stabilität und Sicherheit in Europa durch die Schaffung eines stabilen und sicheren Gleichgewichts der konventionellen Steitkräfte auf niedrigerem Niveau«. Diese Verhandlungen treten an die Stelle der Verhandlungen über »beiderseitige und ausgewogene Truppenreduzierungen« (MBFR), die seit 1973 in Wien ergebnislos geführt worden sind. Das lag, wie man rückblickend feststellen kann, unter anderem daran, daß sie auf Mitteleuropa beschränkt waren. MBFR-Gebiet waren die Be-Ne-Lux-Staaten, die Bundesrepublik Deutschland, die DDR, die Tschechoslowakei und Polen. Eine hinreichende Stabilität ließ sich so nicht gewinnen, einmal, weil die Sowjetunion zwar mitverhandelte, aber nicht betroffen war; zweitens, weil das Problem der Kontrollen und Überprüfungen nicht gelöst werden konnte. Das hat sich erst mit Michail Gorbatschow grundlegend verändert. Die »territoriale Enge« der MBFR-Gespräche gilt für die KRK-Verhandlungen nicht mehr; deren Grenzen reichen vom Atlantik bis zum Ural. Ganz Europa ist einbezogen.

Ebenfalls aufgenommen wurden Verhandlungen über *V*ertrauens- und *S*icherheits-*B*ildende *M*aßnahmen (VSBM), und zwar von den 35 KSZE-Teilnehmerstaaten: In den VSBM-Verhandlungen sollen die Ergebnisse der KVAE (Konferenz über Vertrauensbildung und Abrüstung in Europa) von Stockholm (1984–1986) in Teilbereichen (Vertrauensbildung) weitergeführt werden.

Beim Abschluß der KSZE-Folgekonferenz in Wien führte Bundesaußenminister Genscher Verhandlungen mit seinem sowjetischen Kollegen Eduard Schewardnadse.

Ein Pfeiler

Von der Rolle Europas im Bündnis

Die Westeuropäische Union
Die Europäische Gruppe
Lasten-Teilung
Deutsch-französische Zusammenarbeit

Den »europäischen Pfeiler« in der NATO stärken heißt nicht, Europa in Konkurrenz zu setzen mit den transatlantischen Mächten.

Die Westeuropäische Union

Seit einigen Jahren findet die Westeuropäische Union (WEU) verstärkte Aufmerksamkeit. Man spricht von einer Wiederbelebung und will auf diese Weise den »europäischen Pfeiler« in der NATO kräftigen.

Nicht, daß es darum ginge, eine Strategie Europas aufzubauen, es in Konkurrenz zu setzen zu den transatlantischen Mächten. Die USA sind und bleiben politisch wie militärisch für Europa unverzichtbar, ebenso wie die Verteidigung Nordamerikas in Europa beginnt. Aber die Westeuropäische Union, die weitergehende Beistandsverpflichtungen enthält als der Artikel 5 des NATO-Vertrags, kann aus europäischer Mehrstimmigkeit eine Einstimmigkeit formen, kann auf diese Weise europäische Interessen leichter und deutlicher zum Ausdruck bringen.

Die Westeuropäische Union ist hervorgegangen aus dem 1948 zwischen Großbritannien, Frankreich und den Benelux-Staaten abgeschlossenen Brüsseler Pakt, der zunächst gegen Deutschland gerichtet war, der allerdings bald Keimzelle einer gemeinsamen europäischen Verteidigung gegen drohende sowjetische Expansion wurde.

Die Pläne, sie zu einer europäischen Verteidigungsgemeinschaft (EVG) weiterzuentwickeln, scheiterten. Die WEU blieb, 1955 um Italien und die Bundesrepublik erweitert, mit ihren militärischen Maßnahmen in die NATO eingegliedert.

1987 wurde ein sicherheits- und verteidigungspolitisches Programm entwickelt: die WEU-Plattform.

Im ersten Abschnitt der Plattform wird die Sicherheitslage in Europa beschrieben. Sie stellt darin als Grundproblem der Sicherheit Westeuropas seine Verwundbarkeit fest, die sich aus seiner geostrategischen Lage, der Überlegenheit der Streitkräfte des Warschauer Paktes und deren Fähigkeit zur Überraschung und zu raumgreifender Offensive herleitet. Sie bestätigt den Grundgedanken des Harmel-Berichtes, daß sich militärische Sicherheit und eine Politik der Entspannung gegenseitig ergänzen.

Im zweiten Abschnitt leitet das Dokument hieraus die Kriterien europäischer Sicherheit ab: Die weitere Gültigkeit der

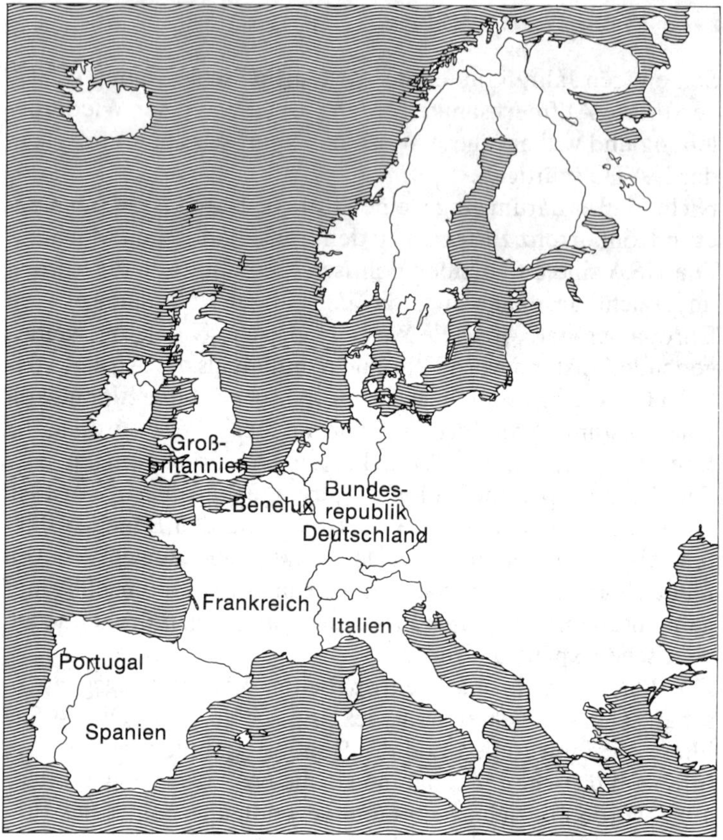

Mitgliedstaaten der WEU sind:
Belgien, die Bundesrepublik Deutschland,
Frankreich, Großbritannien, Italien,
Luxemburg, die Niederlande, Portugal und Spanien.

Der Ministerrat der WEU tagt auch in den Hauptstädten der Mitgliedstaaten. Unser Bild entstand 1984 bei einer Ratstagung in Bonn.

Strategie der Kriegsverhütung und des hierzu erforderlichen Verbundes nuklearer und konventioneller Streitkräfte, die Bedeutung des amerikanischen Beitrags zur Abschreckung und zur Verteidigung Europas, die besondere Verantwortung der Europäer im Rahmen der Risiko- und Lastenteilung aller Bündnispartner der Allianz sowie die Ziele für Rüstungskontrolle und Abrüstung aus europäischer Interessenlage heraus.

Der dritte Abschnitt definiert dann die sicherheitspolitischen Ziele der WEU auf den Gebieten der Verteidigung, der Rüstungskontrolle und Abrüstung sowie des Dialogs und der Zusammenarbeit zwischen West und Ost unter den sich fortentwickelnden Bedingungen europäischer Sicherheit. Dabei wird die Entschlossenheit unterstrichen, die kollektive Verteidigung und die Koordinierung in allen Sicherheitsfragen zu verbessern, die vorhandenen Mittel wirksamer zu nutzen, die Weiterentwicklung des Gesamtkonzepts der Rüstungskontrolle und Abrüstung auf politische und militärische Sicherheit auszurichten und sie schrittweise auszuformen.

1988 sind Spanien und Portugal der WEU beigetreten. Sie wollen auch auf diese Weise den »Prozeß des Aufbaus Europas« fördern.

Die Europäische Gruppe

Schon früh bestand der Wunsch, eine »europäische Identität« auch innerhalb der NATO zu schaffen, das Bündnis damit auf die Pfeiler Amerika und Europa zu stützen. Die »Europäische Gruppe« in der NATO (Eurogruppe) wurde 1968 als ein informeller Zusammenschluß von Verteidigungsministern europäischer Mitgliedstaaten der NATO gebildet. Sie steht allen europäischen Mitgliedern des Bündnisses offen.

Die gegenwärtigen Mitglieder sind: Belgien, Dänemark, Bundesrepublik Deutschland, Griechenland, Italien, Luxemburg, die Niederlande, Norwegen, Portugal, Spanien, die Türkei und Großbritannien. Die Eurogruppe gibt die Möglichkeit zur Koordinierung und ist ein Forum für den Meinungsaustausch

der Verteidigungsminister über wichtige politische und strategische Fragen, die die gemeinsame Verteidigung berühren. Jeweils zu Beginn der Tagungen des Verteidigungsplanungsausschusses tritt die Eurogruppe zusammen.
Die Eurogruppe hat nicht nur Bedeutung für die strategische Planung, sie erörtert auch praktische Probleme der Zusammenarbeit in Europa. Es liegt beispielsweise auf der Hand, daß Truppen, die für einen gemeinsamen Einsatz vorgesehen sind, auch ihre Ausbildung koordinieren, obwohl Ausbildung eine nationale Aufgabe ist. So ist in den frühen 70er Jahren eine Euro/NATO/Trainingsgruppe gebildet worden. Sie soll die bestehenden multinationalen Ausbildungsmöglichkeiten verbessern und neue Programme ins Leben rufen. Solche Gemeinsamkeit ist nicht nur militärisch wichtig, sondern auch finanziell nützlich.

Die Lasten-Teilung

Ein Standard-Problem im amerikanisch-europäischen Dialog innerhalb des Bündnisses ist die gerechte Verteilung der Lasten. Immer wieder fordern die Amerikaner, die – nicht zuletzt wegen ihrer nuklearen Rüstung – eine wesentliche Last zu tragen haben, mehr Anstrengungen der Europäer.
Gewiß lassen sich Verteidigungslasten aus den Militärhaushalten ablesen. Doch will und muß auch anderes mitbedacht sein. Die Stationierung der Streitkräfte von sechs Bündnispartnern auf dem Boden der Bundesrepublik Deutschland ist für die Bundesrepublik wie für Europa ein Vorteil, ist doch grenznahe Verteidigung ein Lebensinteresse. Für die Bundesrepublik Deutschland ist die Stationierung aber auch eine Last; denn die Truppen müssen untergebracht werden, sie müssen auf dem dichtbesiedelten deutschen Boden üben, sie müssen die zwar vorzüglichen, aber dichtbefahrenen Verkehrswege benutzen. Übungen der Luftwaffen verursachen Lärm, der in manchen Regionen die Grenze des Erträglichen erreicht.
Das »Weißbuch 1985« nennt ein weiteres Problem:
Die Aufwendungen für glaubhafte Abschreckung und Vertei-

digung stehen in den Ländern der Nordatlantischen Allianz in vielfältiger Konkurrenz zu den sozialen und wirtschaftlichen Erfordernissen der freien demokratischen Gesellschaften. Insbesondere in Zeiten schwieriger Wirtschaftsbedingungen ergeben sich daraus Beschränkungen für die Mittel, welche die Bevölkerung bereit ist, für ihre Sicherheit aufzuwenden. Um so mehr muß der Forderung nach gleichmäßiger Verteilung der Verteidigungslasten im Bündnis Rechnung getragen werden. Die USA erwarten, daß die Europäer einen ihren wirtschaftlichen Fähigkeiten angemessenen Verteidigungsbeitrag leisten. Die Europäer erwarten ihrerseits eine größere Ausgewogenheit in der transatlantischen Rüstungszusammenarbeit. Rüstung darf, so sagen sie, keine Einbahnstraße sein.
Gemeinsam müssen vielmehr angesichts steigender Kosten der Rüstungsgüter größere Anstrengungen unternommen werden, um für die aufgewandten Mittel einen bestmöglichen militärischen Gegenwert an Verteidigungsfähigkeit zu erhalten. Das zentrale Thema der westlichen Bündnispolitik lautet, kostengünstige Steigerung der konventionellen Kampfkraft durch optimalen Einsatz moderner Technologien bei wirksamer Kostenreduzierung durch Kooperation und Standardisierung von Waffen und Gerät zu erzielen; und hierzu müssen die wirtschaftlichen Möglichkeiten beiderseits des Atlantik beitragen.
Die Beispiele zeigen, daß die gerechte Teilung der Verteidigungslasten ein immerwährendes Problem sein wird. Dies auch deshalb, weil die Lastenteilung nicht diktiert werden kann, sondern aus freien Stücken vereinbart werden muß.

Deutsch-französische Zusammenarbeit

Die Großväter der heute lebenden jungen Deutschen haben noch in ihrer Jugend das Lied gesungen »Siegreich wollen wir Frankreich schlagen«. Das Lied ist älter als diejenigen, die es gesungen haben. Das böse Wort von der »Erbfeindschaft« hatte sich diesseits und jenseits der deutsch-französischen Grenzpfähle im Bewußtsein festgesetzt, als sei es ein unabwendbares Schicksal, sich immer wieder aufs neue in Kriegen auseinanderzusetzen. Ein Teufelskreis war in Gang gekommen. Die Sieger im Streit schoben nach Möglichkeit ihre Grenzen vor. Die Besiegten suchten die Revanche. So die Franzosen nach 1871 und die Deutschen nach 1918. Was aber als eine schicksalhafte Verstrickung angesehen wurde, hat keineswegs den Charakter des Unausweichlichen. Es war nicht von der Geschichte vorgegeben.

Im Ersten Weltkrieg verblutete in Verdun und an der Somme die Jugend beider Nationen. Die Lehre, die eigentlich auf der Hand lag, wurde jedoch erst nach dem Zweiten Weltkrieg gezogen. *»Siegreich wollen wir Frankreich schlagen«* – solcher Hochmut war endlich überwunden. Der zeitgemäße Text eines Liedes hätte lauten können: *»Nie mehr wollen wir uns mit Frankreich schlagen«*.

Die Versöhnung zwischen Deutschen und Franzosen fand einen sinnfälligen Ausdruck ebenso in der Begegnung Charles de Gaulles mit Konrad Adenauer in Reims wie in dem Händedruck eines französischen und eines deutschen Panzerkommandanten auf dem Truppenübungsplatz Mourmelon. Die Versöhnung hat den Weg geebnet für viele Gemeinsamkeiten, nicht nur in der Wirtschaft, in der Politik und in der Verteidigung, sondern auch in Schöpfungen wie dem deutsch-französischen Jugendwerk, einem wesentlichen Wechsel auf eine glückhafte und friedvolle Zukunft.

Die Schaffung einer deutsch-französischen Brigade und der deutsch-französische Verteidigungsrat sind die jüngsten Kinder des 1963 geschlossenen Vertrages über die deutsch-französische Zusammenarbeit.

Manche sehen in diesem neu geschaffenen Rat eine Keimzelle für eine europäische Sicherheitsunion, ohne die es ein politisch handlungsfähiges Europa nicht geben könne. Der Rat ist auch eine Antwort auf die in Bewegung geratenen Ost-West-Beziehungen. Europa muß, wenn es am Dialog teilhaben, wenn es seine besonderen Interessen einbringen will, die bisweilen dissonante Mehrstimmigkeit ablegen.

Darum soll auch der deutsch-französische Verteidigungsrat Bindemittel im europäischen Pfeiler der NATO werden.

Ein gemeinsames europäisches Haus ist nicht denkbar, solange Maschen- und Stacheldraht die Bewohner voneinander trennen.

Das Haus

Von der Zukunft des Bündnisses

Die Vision
Realismus
Antworten

Ein »europäisches Haus« kann nur gebaut werden auf dem Fundament einer Ordnung, in der das Recht des einen auch das Recht des anderen ist.

Die Vision

Vom »gemeinsamen europäischen Haus« ist vielfach die Rede. Generalsekretär Gorbatschow hat davon gesprochen. Andere, auch im Westen, haben das Bild aufgegriffen.
Bundesaußenminister Hans-Dietrich Genscher hat in einer Rede in Potsdam im Juni 1987 Elemente genannt, die zum Bau dieses Hauses unerläßlich sind. Er hat eine Hausordnung entworfen, die ein menschliches Bewohnen des europäischen Hauses möglich macht. Das Haus kann nur gebaut werden auf dem festen Fundament einer Friedensordnung für *ein* Europa, in dem alle Europäer Frieden und die Erfüllung ihrer unveräußerlichen Rechte finden. Das Haus soll ein offenes Haus sein. Man muß mit jedem in Verbindung treten, sich austauschen können. Alle sollen freien Ein- und Ausgang haben. Und das Haus muß sicher sein für alle.
Niemand darf gezwungen werden, sich abzukapseln, niemand verleitet werden, die Tür eines anderen aufzubrechen. Das Recht des einen ist immer auch das Recht des anderen. Nur in Anerkennung dieses Grundsatzes gibt es Sicherheit für jede Familie im europäischen Haus, entwickelt sich gute Nachbarschaft, in der Geben und Nehmen in einem guten, vernünftigen Ausgleich stehen. In diesem Sinne könnte das europäische Haus, in dem Familien unterschiedlicher Anschauung friedlich zusammen wohnen, ein Beispiel für die Welt werden.
Sicherheit für alle bedarf natürlich der Sanktionen gegen Friedensbrecher, aber auch des gegenseitigen Vertrauens. Das »neue Denken« in der Sowjetunion läßt erwarten, daß eine gemeinsame Verantwortung wachsen kann. Eine Verantwortung, die Begehrlichkeiten im Zaum hält, die das Recht und die Freiheit des anderen respektiert. Das Maß der Sicherheit soll für alle gleich sein. In diesem Sinne kann auch militärische Macht eingebunden sein in die gemeinsame Verantwortung.
Der Bundesaußenminister hat acht Grundsätze für kooperative Sicherheitsstrukturen formuliert:
Erstens: Achtung der Sicherheitsinteressen auch der anderen Seite. Ein Streben nach Überlegenheit und Vorherrschaft darf es nicht geben.

Die Gespräche, die Bundeskanzler Dr. Helmut Kohl in Moskau führte – unser Bild zeigt ihn mit Staatssekretär Friedhelm Ost, dem Leiter des Presse- und Informationsamts der Bundesregierung –, dienten der Förderung des Friedens.

Zweitens: Zurückhaltung und nicht Suche nach einseitigen Vorteilen muß das Verhältnis der Staaten zueinander bestimmen.
Drittens: Die Beseitigung der Ursachen von Mißtrauen. Staaten, in die man begründetes Vertrauen setzen kann, werden nicht als bedrohlich empfunden. Dieses Ziel muß durch vertrauensbildende Maßnahmen und Transparenz verwirklicht werden.
Viertens: Verbreiterung und Vertiefung der Zusammenarbeit in allen Bereichen zum gegenseitigen Nutzen.
Fünftens: Abrüstungsschritte, die Überlegenheit abbauen und Gleichgewicht auf einem niedrigeren Niveau in allen Bereichen des militärischen Kräfteverhältnisses herstellen.
Sechstens: Abrüstungsschritte müssen mehr Sicherheit schaffen. Der Einsatz von Abrüstung in einem Bereich durch neue Rüstung an anderer Stelle schafft neue Instabilität und gefährdet damit die Abrüstung.
Siebtens: Qualitative Veränderung der Struktur von Streitkräften mit dem Ziel, die Fähigkeit zur Invasion und zum Überraschungsangriff zu beseitigen.
Achtens: Wirksame Mechanismen eines weltweiten politischen Krisenmanagements müssen verhindern, daß unvorhergesehene Konflikte eine krisenhafte Gefahr auslösen.
Der Minister hat Mut zur Verantwortung gefordert:
Mut zur Verantwortung – das heißt verhindern, daß unsere Welt in einem nuklearen Holocaust zerbricht.
Mut zur Verantwortung – das heißt verhindern, daß Mensch und Natur in einer Subjekt-Objekt-Beziehung verharren, und daß wir selbst – gedankenlos, mutwillig – die Grundlagen unseres Lebens zerstören. Wir müssen Ökonomie und Ökologie wieder in Einklang bringen.
Mut zur Verantwortung – das heißt verhindern, daß die Menschheit gänzlich in Arme und Reiche auseinanderfällt, daß die reichen Länder sich den Vorwurf einhandeln, sie seien unfähig oder unwillig zu sozialer Gerechtigkeit. Der Ausgleich zwischen Nord und Süd, die Lösung der Verschuldungskrise der Dritten Welt, das ist die weltweite soziale Frage für unsere Generation.

Mut zur Verantwortung – der zeigt sich in der unbeirrbaren Behauptung der bürgerlichen, der wirtschaftlichen und der sozialen Menschenrechte, die Behauptung gegen Fehlentwicklungen neuer Technologien gegenüber Hunger, Not und Unwissenheit.
Wir brauchen eine neue Ethik, eine Ethik der Verantwortung, unter die wir unsere politischen Entscheidungen stellen.
Unser Europa trägt dabei eine besondere Verantwortung. Was wir Europäer rund um die Erde in Bewegung gesetzt haben, zum Wohl und zum Wehe der Menschheit, das zwingt uns in eine historische Pflicht.
Es ist eine Pflicht zu einer Vision, mit der wir Europäer zu uns selbst finden, mit der wir unserer Verantwortung gegenüber der Welt gerecht werden, mit der wir unseren Platz in der Welt von morgen finden. Die Vision von einer europäischen Friedensordnung, in der Staaten unterschiedlicher Gesellschaftsordnung ohne Furcht voreinander und in friedlichem Wettbewerb miteinander leben können.

Realismus

Eine Vision haben heißt nicht, Tatsachen wegzuwischen. Es gibt Tatsachen, die ermuntern und einen vernünftigen Optimismus stützen. Das »Umdenken« in der derzeitigen Führung der Sowjetunion ist – soviel ist inzwischen erkennbar – kein Täuschungsmanöver, um den Westen einzulullen; es ist eine Tatsache. Dies zeigt insbesondere die Entscheidung über die einseitige Reduzierung der sowjetischen Streitkräfte, die Gorbatschow der Weltöffentlichkeit im Dezember 1988 bekanntgegeben hat. Es gibt keinen Zweifel, daß diese Schritte, die bis 1991 durchgeführt werden sollen, auch die Voraussetzungen für die Wiener Verhandlungen über die konventionelle Rüstung entscheidend verbessern, selbst wenn sie das bestehende Übergewicht des Warschauer Pakts nicht beseitigen.
Der frühere Bundeskanzler Helmut Schmidt meinte, daß das nächste Jahrfünft darüber entscheiden werde, ob das »Umdenken« als gesichert angesehen werden könne. Es bleibt eine Tat-

sache, daß die militärische Kraft der Sowjetunion und des Warschauer Pakts die für reine Verteidigung bestehenden Notwendigkeiten zur Zeit noch übersteigt. Dies in Betracht zu ziehen, heißt nicht, die optimistische Zielvorstellung durch einen die Entwicklung zum Besseren hemmenden Pessimismus zu ersetzen.

Die Sicht bestehender Realitäten bewahrt davor, Politik auf Wunschdenken zu gründen. Ein solcher Realismus macht fähig zu vernünftiger Politik, die solche Tatsachen verändern will und kann, die die Realisierungen des angestrebten Zieles behindern. Politik bleibt auch in unserem Jahrhundert die »Kunst des Möglichen«.

Antworten

Die Grundfrage hieß, was die NATO heute und für die Zukunft leisten kann.

Die erste Antwort lautet: Die NATO leistet dem Frieden in der Welt und in Europa einen Dienst, wenn ihre Mitglieder die solidarische Gemeinschaft des Bündnisses aufrechterhalten. Genau, wie der Satz gilt, daß kein Staat – vielleicht von den beiden Supermächten abgesehen – sich allein verteidigen kann, genauso gilt auch, daß keine der Mächte für sich allein eine wirksame Politik der Friedensförderung betreiben kann. Beides hängt für die Bundesrepublik Deutschland von der Mitgliedschaft in der NATO ab: die militärische Fähigkeit zur Verteidigung und die politische Fähigkeit zur Kriegsverhinderung und Friedensförderung, zu Dialog und Zusammenarbeit. Die Parole »Raus aus der NATO« ist keine Parole, die dem Frieden dient. Wer meint, mit Neutralität und Friedfertigkeit ließen sich Sicherheit und Frieden »erkaufen«, gibt sich einem Trugschluß hin. Das oft zitierte Beispiel Schweiz ist nicht übertragbar. Einmal, weil die Bundesrepublik »Grenzland« unter den Staaten mit unterschiedlichen und konkurrierenden gesellschaftlichen Systemen ist, zum anderen weil militärische Autarkie für die Bundesrepublik Deutschland weder möglich noch finanzierbar wäre.

Eine blockfreie Bundesrepublik löste die Friedensordnung wieder auf, die in Westeuropa entstanden ist. Die vielfachen Verflechtungen, die sich nicht allein durch die NATO, aber auch durch das Bündnis entwickelt haben, haben einen hohen Grad an Gemeinsamkeit unter den westeuropäischen Staaten, sie haben eine europäische Identität begründet. Es ist daher heute undenkbar geworden, daß Deutsche mit ihren nördlichen, westlichen und südlichen Nachbarn in einen kriegerischen Konflikt geraten können. Dies ist ein gewaltiger Fortschritt, wenn man sich des Verlaufs der Geschichte in der ersten Hälfte dieses Jahrhunderts erinnert.

Damals galt Krieg auch unter den westeuropäischen Staaten immer noch als ein mögliches Mittel der Politik. Heute ist mit dieser unheilvollen Tradition gebrochen worden. Sie könnte allerdings wieder aufleben, wenn die Staaten das solidarische Band, das sie verbindet, lösten.

Auch unter diesem Aspekt ist die Frage zu beantworten, ob Europa nicht gut daran täte, sich auf seine eigene Kraft zu besinnen und sich allein auf sie zu verlassen. Europa als »dritte Kraft« oder »dritte Weltmacht« – auch dieser Traum ist immer wieder geträumt worden. Gewiß ist es richtig, daß die europäische Gemeinschaft mehr Einwohner zählt als die Union der Sozialistischen Sowjetrepubliken und daß sie deren wirtschaftliche Kraft bei weitem übersteigt.

Warum aber sollte man in Europa militärisch gleichziehen wollen, wenn man mit den USA und Kanada die Parität, die die Freiheit der Eigenentwicklung garantiert, leichter und besser behaupten kann. Wäre nicht eine europäische Hochrüstung die notwendige und unausweichliche Folge mit negativen Konsequenzen auf vielen Gebieten? Mit negativen Folgen insbesondere auch für den Frieden in der Welt; denn was könnte das unausweichliche Mehr an Rüstung anderes bewirken als eine Zunahme von Konfliktstoffen?

Wichtiger aber noch für die Beantwortung der Frage, ob Europa seinen Weg allein gehen soll, ist, daß die amerikanischen Verbündeten die gleiche gesellschaftliche und politische Ordnung haben. Es sind Demokratien, die in der europäischen Tradition der Freiheit und des Rechtes stehen.

Die zweite Antwort: Die NATO muß, will sie dem Frieden dienen, ihre Politik, deren Weg mit dem Harmel-Bericht gewiesen worden ist, fortsetzen. Sie muß beides im Auge haben und aufeinander abstimmen: die militärische Sicherheit und die politische Entwicklung. Das eine bedarf notwendigerweise des anderen.

Sich allein auf militärische Stärke zu verlassen, hieße in der Drohgebärde zu verharren. Die Abschreckung geriete schließlich zum Alptraum. Anders, wenn die militärische Sicherheitsgarantie überlagert wird von einem Netz kooperativer Sicherheitsstrukturen, das heißt, gegenseitiger Beziehungen und Zusammenarbeit, das über die Systemgrenzen hinaus geknüpft wird. Auf diese Weise erhielte das wechselseitige Vertrauen Wachstumschancen. Nur auf dem von Harmel gewiesenen Weg läßt sich Rüstung hüben und drüben kontrollieren, läßt sich gleichgewichtige Abrüstung durchsetzen: Frieden schaffen mit mehr Vertrauen und weniger Waffen.

Die Gefahr für diesen Weg liegt weniger in der Rüstung als in möglicher Ungeduld oder in einer Politik, die von reinem Wunschdenken geleitet wird. Eine nüchterne Analyse der bisherigen unbestreitbaren Erfolge der Friedenspolitik des Bündnisses zeigt, daß Vorleistungen und einseitige Schritte wenig taugliche Instrumente sind. Auch wer heute überzeugt ist, daß Moskau und der Warschauer Pakt am Prozeß des Friedens mitwirken wollen, kann sein Handeln gleichwohl nicht allein hierauf gründen.

Der Weg zur Abrüstung ist ein Weg, der von einem gesicherten Datenaustausch ausgeht und Ungleichgewichte beseitigt, der die Streitkräfte-Struktur auch des Warschauer Pakts allmählich so formt, daß Verteidigung gesichert, Aggression aber nicht möglich ist. Gelenkt werden muß eine solche militärische Strategie von einer Philosophie, die im Einklang mit der UNO-Charta und dem Grundgesetz **jeden** Angriffskrieg und **jede** Androhung von Gewalt ächtet und die alle militärischen Verteidigungsbemühungen nur noch als Notwehr oder Nothilfe legitimiert.

Daß Nuklearwaffen die menschliche Existenz auslöschen könnten, ist nicht zu bestreiten. Aber es ist mehr als nur wahrscheinlich, daß die vielfältigen Konflikte der Nachkriegszeit auch in Europa zu bewaffneten Auseinandersetzungen geführt hätten, wenn es die nuklearen Waffen nicht gegeben hätte. Sie ganz abzuschaffen, ist eine Utopie; dies setzte weltweite umfassende Kontrollen voraus, die notfalls erzwungen werden müßten. Wer hätte die Macht dazu? Eine Eliminierung nur auf den Gebieten der NATO und des Warschauer Pakts setzte die stärksten Mächte der Welt möglichen Pressionen durch andere jetzige Atom- oder Schwellenmächte aus.

Auch im Hinblick auf die Atomwaffen ist der vernünftige Weg der des kontrollierten stufenweisen Abbaus der Potentiale und der vertraglich ermöglichten Kontrollen der verbleibenden Bestände. Das mindert bestehende Gefährdungen auf ein erträgliches Maß. Das Wissen, wie man Atomwaffen herstellt, bleibt in der Welt. Wir müssen »mit der Bombe« leben. Wir können dies, wenn die nuklearen Waffen nicht nur einseitig militärisch gehütet, sondern paktübergreifend kontrolliert werden. Hierzu bedarf es eines Netzes politischer Vereinbarungen, die Sicherheit für die eine oder die andere Seite und damit Stabilität für alle begründen.

Die NATO ist heute notwendig wie eh und je, sie hat an Bedeutung nichts eingebüßt, eher gewonnen. Die Frage ist, welche Chancen der Frieden hätte, wenn es die NATO nicht gäbe.